H.G.Wells

H・G・ウェルズの未来社会透視リーディング

大川隆法
RYUHO OKAWA

本霊言は、2013年5月22日(写真上・下)、幸福の科学総合本部にて、
質問者との対話形式で公開収録された。

H･G･ウェルズの著作の初版本

著書『宇宙戦争』の挿絵《さしえ》（左上）と映画「来《きた》るべき世界」のポスター（左）

『宇宙戦争』ではタコ型の火星人が登場した。

まえがき

文系・理系を問わずゾクゾクするような興味深い内容だ。この本を読んだ少年少女たちが、やがて本書のSF的ドラマの中で活躍することを想像すると、現実にタイム・マシンの操縦《そうじゅう》を任《まか》されているようでワクワクする。この夏休みイチオシの本と言ってよいだろう。

しかし、内容的には、科学技術の未来や、宇宙や、救世主活躍の期待から、国際政治の予言まで豊富な話題がいっぱいで、著者自身、思わず「このストーリーを映画にできないかなあ。」と思ったほどだ。

現代社会のストレスに悩む皆さんへの、ちょっとした解毒剤《げどくざい》、興奮剤《こうふんざい》になれば幸いである。

二〇一三年　七月二十日

幸福《こうふく》の科学《かがく》グループ創始者兼総裁《そうししゃけんそうさい》　大川隆法《おおかわりゅうほう》

H・G・ウェルズの未来社会透視リーディング　目次

H・G・ウェルズの未来社会透視《とうし》リーディング

――2100年――世界はこうなる――

二〇一三年五月二十二日　H・G・ウェルズの霊示《れいじ》

東京都・幸福の科学総合本部にて

「霊言現象《れいげん》」とは、あの世の霊存在の言葉を語り下ろす現象のことをいう。これは高度な悟《さと》りを開いた者に特有のものであり、「霊媒現象《れいばい》」（トランス状態になって意識を失い、霊が一方的にしゃべる現象）とは異なる。外国人霊の霊言の場合には、霊言現象を行う者の言語中枢《ちゅうすう》から、必要な言葉を選び出し、日本語で語ることも可能である。

なお、「霊言」は、あくまでも霊人の意見であり、幸福の科学グループとしての見解と矛盾《むじゅん》する内容を含《ふく》む場合がある点、付記しておきたい。

H・G・ウェルズの未来社会透視《とうし》リーディング

――2100年――世界はこうなる――

二〇一三年五月二十二日　H・G・ウェルズの霊示《れいじ》
東京都・幸福の科学総合本部にて

H・G・ウェルズ（一八六六～一九四六）

イギリスの作家、歴史家。ロンドンの科学師範《しはん》学校に入学し、ハクスリーの下で生物学を学ぶ。卒業後、文筆活動を始め、『タイム・マシン』『透明人間《とうめいにんげん》』『宇宙戦争』など、数多くの空想科学小説を書く。また、第一次大戦を契機《けいき》に人類の運命に対する関心を深め、『世界文化史大系』などの歴史書を著《あらわ》すとともに、戦争根絶に向けて、国際連盟の樹立にも尽力《じんりょく》した。

質問者

斎藤哲秀《さいとうてっしゅう》（幸福の科学編集系統括《とうかつ》担当専務理事）
綾織次郎《あやおりじろう》（幸福の科学上級理事 兼《けん》「ザ・リバティ」編集長）
近藤海城《こんどうかいじょう》（幸福の科学大学設立準備室 教務担当局長）

※現在、幸福の科学大学（仮称）は、二〇一五年開学に向けて設置認可申請予定。

［質問順。役職は収録時点のもの］

1 「未来予言」をしていたH・G・ウェルズ

「予言・予知」が難しい理由

大川隆法　今日は、「未来社会」についての話になります。と言いましても、「予言・予知」というのは、そんなに当たるものではなく、なかなか難しいところがあるものです。

例えば、今朝は、昨日《さくじつ》収録した『神に誓《ちか》って「従軍慰安婦《じゅうぐんいあんふ》」は実在したか』（幸福実現党刊）の原稿《げんこう》の校正をして、「まえがき」「あとがき」を書き、その後、幸福の科学大学の村田《むらた》学長（就任予定）から来ていた「大学のパンフレット」を見たのですが、その瞬間《しゅんかん》、「午後は、山本七平《やまもとしちへい》の霊言《れいげん》をやろう」と思っていたのが、急にH・G・ウェルズに変わったのです。

つまり、「その日の〝予言〟でも決まらない」というぐらいの難しさなのです。そのパンフレットには、「大学としては、緊急《きんきゅう》出版して、すぐ消えてしまうようなものばかりつくられても困ります。長期的なものが欲《ほ》しいのです」という念《ねん》波《ぱ》が付着していたのです（笑）（会場笑）。そういう念波がやってくると、私も、「そうかもしれないな」と思ってしまいます。そこで、用意もしていなかったのですが、突如《とつじょ》、H・G・ウェルズに変わったわけです。

未来とは、このようなものです。だから、そんなに「確定予言」というものは聞きませんし、数時間もたないことすらあります。

なぜかというと、生きている本人の自由意志による決定もあれば、やはり、ほかの人の意志も働くからです。その「ほかの人」というのも、一人ではなく、複数で働きかけてくる場合もあれば、集合で来る場合もあります。そのように、いろいろな兼《か》ね合いがあるため、そんな簡単に決められるものではないのです。
ただ、なかには才能がある人もいて、将棋《しょうぎ》や碁《ご》で先が読めるように、未来を読める人もいるのではないでしょうか。これには、才能と鍛錬《たんれん》の両方が関係すると思います。

昭和八年に予言された「日本への原爆《げんばく》投下」「敗戦」が現実に

大川隆法　さて、このH・G・ウェルズという人は、正式には、ハーバート・ジョージ・ウェルズという名前ですが、一八六六年生まれで、一九四六年に亡《な》くなっています。有名なSF作家です。

代表作の一つは、『宇宙戦争』で、「火星人が来襲《らいしゅう》する」という小説ですね（巻頭口絵参照）。これは、かなり昔に映画化され、けっこう怖《こわ》かったのを覚えています。最近も、トム・クルーズ主演で、火星人が襲《おそ》ってくる怖いリメイク版がつ

H·G·ウェルズ（写真上）は、作品『世界はこうなる』を、自らの脚本で映画化した。1936年、モノクロ映画で、「来るべき世界」と題して制作された。写真左は、当時の映画ポスター。

くられていたと思います。

あと、有名なものでは、『タイム・マシン』があります。これも、近年、映画化されています。タイム・マシンは、永遠のテーマの一つですね。

それから、『透明《とうめい》人間』は、白黒映画の時代から、映画化されています。「包帯を取っていくと、顔がない」というシーンが出てきますが、昔は、どのように撮《と》ったのでしょうか。

さらに、予言書的なものとして、『世界はこうなる』という本があります。原題は『THE《ザ》 SHAPE《シェイプ》 OF《オブ》 THINGS《スィングス》 TO《トゥ》 COME《カム》』で、二一〇六年までの未来予言が書かれています。「二十世紀は、これが、かなり当たっていた」と言われていて、今、「二十一世紀も当たるかどうか」と言われているところです。

その一部を紹介《しょうかい》しますと、彼は昭和八年に、「日本は中国と戦争をする。さらに、アメリカとの戦争にもなり、最後、原子力爆弾《ばくだん》が二発落とされて、日本が負ける」というようなことを書いていますね。これは、怖いぐらいの予言ですね。昭和八年に日本の敗戦（昭和二十年）を予言しているのは、そうとう怖いです。「これが分かるのか」という感じです。

「二一〇六年、ニューヨークの摩天楼《まてんろう》が倒壊《とうかい》」は当たるのか

大川隆法　まだ明確なかたちで当たってていないのは、ウイルスに関する予言です。「強力なウイルスが流行《はや》り、世界の人口が減る」というような予言はまだ十分に

当たっていませんが、エイズやエボラ出血熱、デング熱など、いろいろと怪《あや》しげなものが流行ってはいます。

みな、「世界の人口が減るところまで行くものが、今後、出るかどうか」ということを恐《おそ》れているわけですが、そういう恐怖《きょうふ》のもとは、ここにあるかもしれません。この人の本のなかに、「人口がすごく減る」という予言があるのです。

また、〝第三次世界大戦〟の予言も入っていますが、今のところ、まだ起きておりません。ただ、「核《かく》戦争のようなものが起きる」という予言も入っています。

それから、今日、この本をパラパラと見直していて、気になったというか、注目すべきところは、序文のエンディングにある記述です。この本は、二一〇六年の地点から遡《さかのぼ》って、「歴史」を見るかたちになっており、その最終の二十二世紀の初めの部分が、本の冒頭《ぼうとう》に来ているわけですが、そのなかに、「二一〇六年、ニューヨークのマンハッタンの摩天楼《まてんろう》群は倒壊《とうかい》し、残骸《ざんがい》になっている」というような記述が出ているのです。

だから、百年ぐらいずれていますが、ワールドトレードセンタービルは、確かに、残骸になって片付けられています。これは、間違《まちが》いなく摩天楼、天を摩すビルですから、このことを指していたのでしょうか。あるいは、今後、さらに、アメリカの巨大《きょだい》ビルが粉々になり、片付けなければいけないようなことが起きるのでしょうか。

最近も、アメリカに巨大な竜巻《たつまき》が発生し、いろいろなところが破壊されていますが、はたして、どうなるでしょうか。「あと百年待ったら何があるか」は分かりませんが、こうした予言もあって、少し、ゾクっときたのを覚えています。

まあ、予言というものは難しく、歴史上、「確定予言」ができた人は、今まで一人もいません。時間的なものは、やはり、アバウトになります。そして、人の名前や地域までピシッと当てるのは、そう簡単なことではなく、「何となく、それに相当する」と思われる象徴《しょうちょう》的なものを出せる程度であって、終わってからでないと、なかなか、分からないことが多いと思います。

ウェルズに感じる「宇宙人とのつながり」

大川隆法　今は、一九九九年の「ノストラダムスの予言」から、二〇一二年の「マヤの予言」を通りすぎ、「次の予言を求める時代」に入っているのかもしれません。

ウェルズが亡くなり、約六十年たちましたが、さあ、あの世に還《かえ》って、どのような仕事をしているのでしょうか。

彼は、SFの祖であり、また歴史家でもあります。『世界文化史概観《がいかん》』（現在は『世界史概観』〔岩波新書〕と改題）などの歴史書も書いていて、私も、大学受験のころ、「SFのH・G・ウェルズ」とは知らずに読んだ覚えがあります（笑）。

歴史家でもある彼は、世界の歴史を長いスパンで鳥瞰《ちょうかん》することにより、もしかしたら、「歴史は繰《く》り返す」という感じで、人類が行うことのパターンのようなものが、ある程度、読めるようになったのかもしれません。

彼は、そうした博学の歴史研究によって、未来が予測できたのでしょうか。それとも、予言者的な資質によって、未来が視《み》えたり、霊の声が聴《き》こえたりしたのでしょうか。

あるいは、宇宙人が絡《から》んでいるのでしょうか。それは分かりませんが、彼は、『宇宙戦争』という宇宙人絡みの小説を書いていますし、実は、私たちの「宇宙人リーディング」により、「タイム・マシンの原理は、宇宙航行の原理とも関連している」ということが、最近、分かってきています。タイム・マシンの原理が加わってこないと、宇宙旅行も、そう簡単にはできないらしいのです。ですから、何か、つながりを感じます。

ちなみに、ごく最近の話ではありますが、人類の起源についての科学的な研究で、新しい説も出てきています。

常識的には、「古代の地球の海のなかで、アミノ酸からタンパク質が形成され、それが動くようになり、だんだん微生物《びせいぶつ》ができて、それが植物や動物に進化していった。そして、猿《さる》まで来て、人間になった」というような話になっていますが、最近、アメリカの科学者が、「今から約四十億年前の古代の地球の海には、アミノ酸を形成する要素がなかった」という説を発表しています。

つまり、「アミノ酸等ができるためには、陸と海との両方がなければいけないが、当時の地球には海しかなかったため、アミノ酸は形成できない。そのため、タンパク質もできず、地球で古代の微生物はできていない」ということらしいのです。

その人は、同時に火星の研究もしており、「火星のクレーターの状況《じょうきょう》から見るかぎり、昔、火星には陸と海があったはずである。なぜなら、隕石《いんせき》が海に落ちた場合、そこにはクレーターが残らないからだ。そのクレーターの分布《ぶんぷ》を月などと比べてみると、火星には陸と海があったことが分かる。したがって、四十億年前の火星には、生命《せいめい》が誕生していたと考えられる」ということで、「人類の起源は火星だ」という説を唱えているのです。

これは、実に新説であって、荒唐無稽《こうとうむけい》にも見えるけれども、ある意味で、ありえる話です。

そのように、「地球人は、すべて、〝火星人〟の子孫だ」と言っている人が、最近、出てきています。しかも、宗教家ではなく、科学者が、アミノ酸の形成から見て、そうだと言っているわけで、私たちの「宇宙人リーディング」も、ますます面白《おもしろ》みを帯びてくることになるかと思います。

「参考として理解する」というのが今回の趣旨《しゅし》

大川隆法　H・G・ウェルズは、火星人の来襲を描《えが》いて非常に有名になりましたが、どのような未来がやってくるのでしょうか。実に面白いと思います。

今日は、ややマクロの視野を含《ふく》めて訊《き》きたいと思いますが、質問者三人の内訳《うちわけ》は、だいたい、オカルト担当（斎藤）と、政治経済系担当（綾織）と、科学系担当（近藤）という感じでしょうか（会場笑）。

未来については、いろいろな霊人《れいじん》に訊いてみて、立体的に、ホログラム風に浮《う》かび上がらせていかないかぎり分からないと思いますし、「当会の運動がどういう結果を生むか」によって違う部分もあると思うので、今回は、「ある程度のところで断念しながら、参考として理解する」といった感じでしょうか。「H・G・ウェルズのような人が、あの世に還ったならば、今、このように見えている」ということですね。そのあたりを考えたいと思います。

当会では、「アインシュタインが生まれ変わり、タイム・マシンを発明する」と言っているので、「アインシュタインが生まれ変わり、タイム・マシンを発明しているところを、未来予知リーディングで透視したら、どうなるだろうか」と考えたりもするのですが、「今、タイム・マシンのつくり方が分かってしまったならば、将来の発明はなくなる」という、まことに矛盾《むじゅん》したことも起きるので、いろいろと面倒ですね。まあ、難しいことはあるので、オカルトのベールで隠《かく》しておかないといけないところもあるのかもしれません。

（質問者に）前置きはそのくらいにして、行きましょうか。質問をいろいろと考えているわけですね？　よろしくお願いします。

私のほうは、できるだけ無色透明に行きます。

それでは、SF作家の開祖にして、「未来予知」「ユートピア社会」について造《ぞう》詣《けい》の深かった、H・G・ウェルズ氏の霊をお呼び申し上げたいと思います。

H・G・ウェルズの霊よ、H・G・ウェルズの霊よ。

どうか、幸福の科学総合本部に降りたまいて、われらに、「未来社会透視リーディング」をお与《あた》えください。

H・G・ウェルズの霊よ、H・G・ウェルズの霊よ。

幸福の科学総合本部に降りたまいて、われらに、「未来予知」「未来社会をリーディングするための智慧《ちえ》」を与えたまえ。

（約十五秒間の沈黙《ちんもく》）

2 核《かく》戦争が起きる可能性

「宇宙霊界《れいかい》」に研究室を持っているH・G・ウェルズ

H・G・ウェルズ　ハロー！

斎藤　こんにちは。

H・G・ウェルズ　うん。

斎藤　本日は、幸福の科学総合本部にお越《こ》しくださいまして、どうも、ありがとうございます。

H・G・ウェルズ　ああ。うんうん。

斎藤　H・G・ウェルズ様でいらっしゃいますか。

H・G・ウェルズ　ああ、はい。うん。そう。

斎藤　ウェルズ様の作品である『宇宙戦争』や『タイム・マシン』『透明人間《とうめいにんげん》』などは、全世界に広がりまして、多くの青少年にも空想・想像の翼《つばさ》を与《あた》えてくださり、本当に、未来を切り拓《ひら》く「勇気の力」となっております。

H・G・ウェルズ　うーん。

斎藤　ウェルズ様は、「SF作家でもあり、歴史家でもあり、文化史の研究をなされ、生前、大きな力を持っておられた」とのことですが、まず、今は、どのあたりにいらっしゃるのでしょうか。いきなりお訊《き》きするのは、失礼ですけれども……。

H・G・ウェルズ　ん？

斎藤　（笑）どのような世界にいらっしゃって、どのようなお仕事をなされているのか、最初に、少し、ご紹介《しょうかい》いただければ幸いに存じますが、いかがでしょうか。

H・G・ウェルズ　うーん。宇宙空間に住んでいる。

斎藤　えっ？

H・G・ウェルズ　宇宙空間に住んでいる。うーん。

斎藤　宇宙空間でいらっしゃいますか。

H・G・ウェルズ　うん。宇宙空間に住んでいます。

斎藤　はあ。それは、「宇宙船にいる」というようなかたちですか。

H・G・ウェルズ　いやあ、宇宙空間の……。

斎藤　〝漂《ただよ》って〟いらっしゃるのでしょうか。

H・G・ウェルズ　うーん？　なっ、何を、あんた言うんだよ（会場笑）。バカなこと言うんじゃない？

宇宙空間で、要するに、宇宙をいろいろ見れなきゃいけないからね。惑星《わくせい》とか銀河とか、いろいろ観察できなきゃいけないので、宇宙のなかにラボ（研究室）をつくってだね、あちこちで見ている状況《じょうきょう》だなあ。

斎藤　そうしますと、そちらでは、お一人で仕事をなされているのか、もしくは、お仲間、ご友人と共同研究をなされているのか、どのあたりでしょうか。

H・G・ウェルズ　まあ、似たような仕事をしている人は、ほかにもいるけども、私の世界には、地球人だけではなく、宇宙の人もいるので。

斎藤　ああ。

H・G・ウェルズ　うん。「宇宙霊界《れいかい》」のなかに住んでるので、いろんな人がいる。そうした高次元から、宇宙観察・惑星観察等をする研究室とかを持ってる人は、ほかにも、たくさんいますね。

私は、いちおう、地球からは離《はな》れないぐらいのところにいることが多いけれども、〝別荘《べっそう》〟をたくさん持ってるので、場合によっては、そちらに行って研究しています。

斎藤　「『宇宙霊界』という霊界があり、宇宙人と一緒《いっしょ》にいる」というのは、初めて伺《うかが》ったような気がいたします。

H・G・ウェルズ　私はSF作家だから、それは当然でしょう。そのくらいのことは……。

斎藤　はあぁ。

H・G・ウェルズ　本人が思わなければ、そんなふうにはならないけど、関心のある世界が現れてくるんでしょう？　それが霊界じゃないですか。

斎藤　なるほど。ありがとうございます。

H・G・ウェルズ　うーん。

核《かく》戦争と悪性ウイルス流行で「新生物」が現れる？

斎藤　先ほど、ウェルズ様について、大川隆法総裁よりご解説がありました。今、目の前に、ご著書の『世界はこうなる』上巻・下巻の二冊が置いてあります。その本は、明徳《めいとく》出版という、儒教《じゅきょう》関連の本を刊行している珍《めずら》しい出版社から翻訳《ほんやく》されて出ているのですが、「ウェルズは、昭和八年という非常に早い段階で、その本において、『日本に原爆《げんばく》が二発落ちる』とすでに予言していた」という紹介が、大川総裁からもありました。

この本は、「主人公のレーブン博士が未来を見て、二一〇六年の視点から振《ふ》り返って、世界の出来事を描く」という設定になっていて、いろいろな予言が説かれていますが、「二一〇六年の最終の年には、ポリプ（珊瑚《さんご》やイソギンチャク等の群生）状の『新生物』が出現する」と書かれているのです。「宇宙霊界」のお話からいきなり飛躍《ひやく》して、少し失礼かもしれませんが、最後に地球に現れるという「新生物」とは、いったい何なのでしょうか。

H・G・ウェルズ　いやあ、そのとおりだよ。うん。

斎藤　いやいや。（笑）そんなことって……。

H・G・ウェルズ　ん？

斎藤　いやいや、「新生物」というのは、なんか変だなと思いまして（笑）。

H・G・ウェルズ　いやあ、だからね、「地球の生活環境《かんきょう》が変わっている」ということでしょう？　つまり、「今の人類の姿形《すがたかたち》と生命維持《いじ》レベルでは生存に適さない状況が、二一〇六年までに起きる」ということで、その環境下で生きられる生物が登場しなきゃいけないね。当然ね。

「その環境下で生きられる生物は、どういう生物か」ということだけども、それは、宇宙人の力も借りて、ハイブリッド（合いの子）をつくらなきゃいけないね。要するに、生きられるように、改造しなきゃいけないわね。うーん。

それで、今、アブダクション（宇宙人による誘拐《ゆうかい》）がたくさん起きてるんじゃないか。研究中なんだよ、今。

斎藤　はあ。

綾織　その環境自体は、どのように変わっているのでしょうか。

H・G・ウェルズ　核《かく》戦争が起きると思うよ。うん。

綾織　核戦争……。

H・G・ウェルズ　核戦争が起きる。だから、私の予言しているとおり、「核戦争」と、それから、そのままだったら、「人類を死滅《しめつ》させる悪性ウイルスの世界的蔓延《まんえん》」の二つは、たぶん避《さ》けられないと思う。

要するに、「放射能にまみれた世界であり、さらに、悪性のウイルスがはびこる社会のなかで、それでも生き延びれる新生物が生まれなくてはならない」ということだねえ。

だから、君たちは、来世《らいせ》、ほとんど、もう、宇宙人との合いの子の可能性が高い。

二〇五〇年までに「核戦争《かくせんそう》」が勃発《ぼっぱつ》する？

斎藤　そうすると、「地球では、今後、核《かく》兵器が使用され、悪性のウイルスがはびこる」という未来が見えているのですか。

H・G・ウェルズ　それはそうでしょうよ。いろんな国が、今、たくさんつくってるんですから、起きるに決まってるじゃないですか。

綾織　それは、二一〇〇年までに起きてくるわけですね？

H・G・ウェルズ　そう。本当は、二十世紀に起きてもおかしくはなかったんだけど、まあ、日本での原爆体験の後遺症《こういしょう》というか、それを記憶《きおく》してる人が、今はまだ、大勢いるからねえ。

つまり、「悲惨《ひさん》なことになる」というので、今、抑止《よくし》しようと一生懸命《いっしょうけんめい》してるけど、その原爆の記憶が薄《うす》れて、経験のない人ばかりの時代が、もうすぐ来るからね。

そうすると、いろんな国が、新興国も……、まあ、今は、原爆というよりも、核ミサイルかもしらんけれども、たくさん持つようになるので、どこかで始まる。当然ね。うーん。

綾織　それは、何十年後でしょうか。二十年後とか、三十年後とか、そのくらいなのでしょうか。

H・G・ウェルズ　うーん……、まあ、はっきりとは言えない。外交や政治の努力もあるから、分からないけれども……。

いや、あなたがたが戦ってるのは、「北朝鮮《きたちょうせん》が、将来、『核ミサイルを撃《う》ち込《こ》むぞ』と脅《おど》したりして、それが本当になったら、どうするか」ということだろうけども、自然に放置すれば、そうなるでしょうね。

あれだけ威嚇《いかく》するところであるから、核をたくさん持つようになったら、「言うことをきかなければ撃つ」ということだってあるかもしれないし、北朝鮮自らが核攻撃《こうげき》を受けることも、当然、可能性としては含《ふく》まれているわね。

それから、イランやイスラエルの問題も当然あるし、中国とインドの核戦争の可能性もあるし、アメリカが新たなところで使う可能性もあるし、まだまだ余地はいくらでもあります。

まあ、外交とか経済状況とか、いろんな問題があるので、一概《いちがい》には言えませんけども、ただ、私は、「二〇五〇年まではある」ように感じますけどね。

「二〇五九年に誕生する世界国家」とは中国のことか

斎藤　また、その本のなかには、明確に、「二〇五九年」という数字がバシッと出ていまして……。

H・G・ウェルズ　君、頭いいねえ。

斎藤　（笑）いやいや。そんなことはありません。その本を、昔、読んだことがあり、非常に感銘《かんめい》しましてですね。

H・G・ウェルズ　うーん。

斎藤　話を戻《もど》しますと、その本には、「二〇五九年には、『世界国家』が誕生している。『超《ちょう》大国』と言われる、ある国が『世界政府』となる」というような予言が記《しる》されていますが、それは、いったい、どのような国なのでしょうか。

H・G・ウェルズ　それは、あなたがたが映画で、一生懸命、描《えが》いてるんじゃないのか（注。二〇一二年に公開された映画「ファイナル・ジャッジメント」や「神秘の法」〔共に製作総指揮・大川隆法〕には、中国をモデルとした覇権《はけん》国家が登場する)。

斎藤　え？

H・G・ウェルズ　映画で描いてるじゃないですか、それを。あなたがたが、私のインスピレーションを受けてるのかどうか、知らないけど、一生懸命、描いてるんじゃないですか。

綾織　では、悪いほうの世界帝国《ていこく》であるわけですね？

H・G・ウェルズ　いいか悪いかは知りませんよ。「世界が統一される」というのはいいことかもしれないし、悪いことかもしれないし、分かりませんが、まあ、それに支配されることによって、ある意味では、「大国対大国」の大きな戦いがなくなる可能性はありますわねえ。

斎藤　それは、やはり、アジアから出現する「世界帝国」ということで、要するに、ウェルズ様は、生前すでに、今、私たちの主張していることが、「そうなってしまう」ということを、未来予知で〝見た〟わけですか。

H・G・ウェルズ　二〇五九年であれば、これは、もう、「中国対インドの戦い」に、だいたい決着がつくころですね。

3　日本の危機の真相

「日本にアーモンドの花が咲《さ》く」の意味とは

斎藤　ただ、同時に、その本のなかには、「日本」という国名も明確に出ており
まして、「日本に桃《もも》の花が咲《さ》く」とも書かれています。
ただ、それは、吉岡《よしおか》さんという翻訳《ほんやく》者のミスというか……。

H・G・ウェルズ　ああ、「アーモンド」ね。

斎藤　アーモンドの花。

H・G・ウェルズ　うん。

斎藤　はい。本来の原文では、「日本に『アーモンドの花』が咲いて、発展・繁《はん》栄《えい》が訪《おとず》れる」というようなことらしいのです。

H・G・ウェルズ　うーん。

斎藤　何か、誤訳か、または、間違《まちが》いを知った上で意図的に訳されたのか、そのへんはよく分かりませんが、とにかく、「アーモンド」を「桃の花」に切り替《か》えてしまったようです。

いずれにせよ、その本には、同時に、「二〇五九年前後、日本が発展・繁栄する」というようなことも書かれているわけですが、これは、どういうことでしょうか。

H・G・ウェルズ　そうなんだ、そうなんだ、そうなんだよ。だから、それは、君たちのことを予言してあるのよ。うん。

斎藤　あっ、私たちの運動というか……。

H・G・ウェルズ　君たちのことを予言してるのよ、そのなかで。

斎藤　あっ、幸福の科学？

綾織　ということは、二つの未来を同時に書かれたわけですか。

H・G・ウェルズ　うーん、だから、世界帝国《ていこく》らしきものが出てくるのよ。だけども、もう一つ、それを破る力も、今、成長中なんだよ。

斎藤　ああ。

H・G・ウェルズ　うーん。破る力がね。
　まあ、「二〇五九」という年数が正確かどうかは知らないよ。ただ、今から、三、四十年後だろう？　（質問者に）君ら〝年寄り〟は知らんけどさ、もうちょっと若いのは、きっと生きてるよ。

斎藤　われわれは、そのときには、もう、あの世で、地上世界の〝支援組《しえんぐみ》〟に回りますけれども（笑）。

H・G・ウェルズ　だからさ、君らは、あれじゃないの？　〝尖閣《せんかく》置き去り〟〝姨捨山《おばすてやま》〟なんじゃないの？　年金を払《はら》うのが惜《お》しいから、あのへんで、守備部隊として置かれるんじゃないの？　まあ、そんな役をしてるんじゃないかと思うけど、大国はできようとすると思うよ。だけども、日本からも、一つの力は出てくると思うよ。

「古代イスラエル」と深いつながりがある日本

斎藤　先ほど、「アーモンドの花」とおっしゃられましたが、これは、ユダヤや欧米《おうべい》にとって非常に大切な花らしくて、なんか、モーセの……。

H・G・ウェルズ　そう。モーセの杖《つえ》だ。

私たちの杖……、あのー、「私たち」じゃないや、古代のユダヤやイスラエルの人たちは、砂漠《さばく》でも山でも、どこでもいいけど、分かれ道があって、右へ行くか、左へ行くか迷ったときに、杖を立てて倒《たお》したりして、「あっ、こっちへ行こう」なんて言って、やるじゃないですか。

まあ、あれじゃないけども、杖に、幾《いく》つか面があってさ。「杖を倒して、どの面が表に出るか」という一種の占《うらな》いがあって、それで、「この部族が繁栄する」というのがあるわけよ。それが、モーセの使った「アロンの杖」だな。

斎藤　「アロンの杖」ですね？

H・G・ウェルズ　ああ。アロンの杖だな。

斎藤　『旧約聖書』(民数記《みんすうき》)には、「アロンの杖に、『アーモンドの花』が咲く」とありますが。

H・G・ウェルズ　「アロンの杖によって、どの部族が栄えるか」という占いだな。まあ、そういうことであるけれども、結局、イスラエルと、この日本は、霊《れい》界《かい》で非常につながってるのよ。

斎藤　ああ。

H・G・ウェルズ　うん。深くつながっている。

斎藤　イスラエルと日本の霊界はつながっているのですか。

H・G・ウェルズ　うんうん。つながってるのよ。非常に深いつながりがある。実は、古代のイスラエルと日本には深いつながりがあるのよ。

斎藤　やはり、神から愛された国だから……。

H・G・ウェルズ　いや、神様が一緒《いっしょ》なんだよ。

斎藤　あっ！　え？

H・G・ウェルズ　神様が一緒だから。

斎藤　イスラエルの神と？

H・G・ウェルズ　うーん。一緒なんだよ。

斎藤　日本の神様と一緒なんですか。

H・G・ウェルズ　一緒なんだ。あのー、もとが。

斎藤　もとは？

H・G・ウェルズ　もとが一緒なんだ。うん。だから、霊界がつながってるんだ。

綾織　イスラエルだと、いわゆる裏側の神様というイメージがあるのですが。

H・G・ウェルズ　裏と思いきや、裏とは言い切れない部分がある。今は、勢力が小さくなっているから、まあ、裏という言い方もあるけども、古代では、そうではなくて、やっぱり、最先端国《さいせんたん》で、今のニューヨークみたいなものだったんだよ。だから、文化が最高に進んだものだった。

そんな、「何千年も前に書かれたものが、いまだに文明を潤《うるお》し続けている」なんていうことは、ちょっとありえないし、イスラエルというか、ユダヤ人の天才の数々には、もう異常性があるでしょう?

斎藤　はい。

H・G・ウェルズ　人口比から見て、異常なぐらいの天才が出ているでしょう？

斎藤　ノーベル賞受賞者が、ユダヤ人のなかから多数出ております。

H・G・ウェルズ　だから、やっぱり、「神に選ばれた民《たみ》」であることは間違いないのよ。これを全部、裏と言ってしまうのは、どうなんだろう。まあ、裏に当たる、祟《たた》り神や戦《いくさ》の神もいたことは事実であろうけれども、ユダヤの歴史を消してしまうと、こうした大きな人類史の文化は、少なくとも、この一万年の文化のなかでの大きな一角はなくなるわねえ。間違いなく。

斎藤　なるほど。そういうわけで、イスラエルやユダヤのほうから見れば、「『アーモンドの花』という、ユダヤから始まり欧米圏《けん》に広がったものが、なぜ、東洋の日本に咲くのか」が分からないのですね。

それで、ある国の情報部員が、その訳者に、「『アーモンドの花』という尊い花が日本に咲くなんてありえない。絶対に書くな。本を出させないぞ」という〝脅《おど》し〟をかけたため、訳者は、「アーモンド」の語を「桃」に変えたそうです。そういう取材をした人がいるのです。

ただ、「日本にアーモンドの花が咲く」ということは、「ユダヤ文化から広がった欧米文化と同等の繁栄の力が、これから日本に来る」というように考えてよいでしょうか。

H・G・ウェルズ　まあ、ヒトラーが、ユダヤ人をあれだけ弾圧《だんあつ》したけど、日本人はヒトラーに与《くみ》しなかったでしょう？

斎藤　はい。

H・G・ウェルズ　杉原《すぎはら》千畝《ちうね》かなあ。ユダヤ人に、一生懸命《いっしょうけんめい》、ビザをたくさん発行して、逃《に》がしたりして、なんか、ユダヤ人も感謝しているところもあるわなあ。

日本は、そういう人種差別政策みたいなものに乗らなかったからね。うん。その、白人の持ってる悪い価値観のほうには乗らなかったので、ユダヤ人は感謝してるし、逆に、アラブのほうからだって、ある意味での敬意は払われてるし、未来としては、非常に面白《おもしろ》い立ち位置に現在あると思ってるよ。

だから、日本に「アーモンドの花」は咲くんじゃない？

「日本を滅《ほろ》ぼそうとする人物」とは誰《だれ》か

斎藤　あと、「日本が繁栄する前には、『超《ちょう》大国』が出てくる」とのことですが、その本によれば、「二〇三〇年には、『独裁者』が現れる」ともあります。「彼」という名前で出ておりますが、「彼」という言葉に暗示された独裁者は、やはり、その「超大国」に当たる「世界国家」のなかの人なのでしょうか。

H・G・ウェルズ　だから、それと戦うために、今、幸福実現党をやってるんでしょう？　政治運動をやってるんでしょう？

斎藤　はい。

H・G・ウェルズ　「彼」と戦うために、今、やっている。

斎藤　「彼」と戦うために？

H・G・ウェルズ　うーん。

綾織　習近平《しゅうきんぺい》の時代は、二〇二三年ぐらいまで続きますが。

H・G・ウェルズ　だから、それで終わるか、その次か、まあ、分かりませんが、そういう人が出てきます。

綾織　はい。

H・G・ウェルズ　まともに日本を滅《ほろ》ぼそうとする人が出てくるから、君たちが、今、政党を立ち上げてやろうとしているんでしょう？　世間《せけん》から、「宗教なんかがやったって、政権なんか取れるわけないのに」「金の無駄遣《むだづか》いだ」と言われ、さんざん笑われながらも、やってるんでしょう？　これは、予言に基《もと》づいた古代のメシア運動と一緒だと思いますよ。

メシア運動で、その「彼」に備えて、今、やっているんだと思うんですよ。独裁者に備えているわけだ。

今、見えている「危機・恐怖《きょうふ》・脅威《きょうい》」は一部にすぎない

綾織　ある霊人《れいじん》は、「ヒトラーに当たるような人物が、中国から出てくる」と言っています（『民主党亡国論《ぼうこくろん》』〔幸福の科学出版刊〕第3章「チャーチルの霊言《れいげん》」

参照)。

Ｈ・Ｇ・ウェルズ　まあ、恐怖《きょうふ》はねえ、明らかにすると恐怖でなくなるから、恐怖は大事にしなきゃいけないんだけどね。

斎藤　(笑)(会場笑)「恐怖を大事に」って、そんな……。

Ｈ・Ｇ・ウェルズ　大事に取っておかなきゃ、意味がない。

斎藤　ちょっと、〝サービス〟として、その人物について、何か教えていただけるとありがたいのですが。

Ｈ・Ｇ・ウェルズ　うーん、いや、大事に取っておかないと。
いや、君らは、もう年を取ってるから、いつでも、いいのよ。もう、それは……。そんなに年を取ってないのか。あっ、でも、十年、二十年か。二十年、まだ生きて……。

斎藤　まだ全然大丈夫《だいじょうぶ》です。百歳《さい》までは大丈夫です。当会には、「百歳まで生きる会」がありますから！

Ｈ・Ｇ・ウェルズ　まあ、「年金をもらえないかどうか」だけの悩《なや》みしかないよね。だから、そうだけども。
いやあ、Ｘなり、Ｙなり、何でもいいけども、出てくるのさ。だから、独裁者を倒さなきゃいけないかも。

斎藤　「習近平以外に、また次なる人物が出てくる」ということでしょうか。

H・G・ウェルズ　あの人口を見ろよ！　いっくらでもいるからさあ。

斎藤　習近平の過去世《かこぜ》であるチンギス・ハン以上の者が準備をしていると？

H・G・ウェルズ　日本に攻《せ》めてきたのは、その子孫だろうよ。

まあ、まだ流動的だから、あれだけど、これからアジアの強国は出てくると思うよ。

ただ、それを防ごうとする力も出てくると思う。それは、君たちが、今、目指しているものだ。

この敵は、今、生きている人たちには、誰《だれ》にも見えてない。誰にも見えてない。日本のマスコミにも、他の日本人にも、誰にも見えてない。君たちは、その目に見えない敵のために、備えを開始している。
そして、今、見えているものは、まだ一部にしかすぎない。

斎藤　え？　まだ、これで一部なんですか。

H・G・ウェルズ　ええ。まだ一部しか見えていない。危機や恐怖、脅威《きょうい》が見えてるけど、これは一部であって、全体ではない。インドを滅ぼし、アメリカを滅ぼし、イスラム圏を滅ぼすことまで目指している者が出てくるから。うーん。

斎藤　インド、アメリカ、イスラム、全部ですか。

Ｈ・Ｇ・ウェルズ　うん。全部。だから、覇権《はけん》国家を全滅《ぜんめつ》させることまで考える者が出てくるから、それと戦うのは、そうとうなものでなければ……。

綾織　かつてのモンゴル帝国のようなものが、世界帝国として展開すると？

Ｈ・Ｇ・ウェルズ　東アジア圏、オーストラリアも含《ふく》めたあたりで、日本との、海洋戦略での戦いも始まるだろう。まあ、アメリカも含めて、だんだん、ジワジワと押《お》されていくようになっていって、ヨーロッパのほうも弱ってきつつあるけども、これは、君たちの一つの神話をつくるための大きなドラマであるのでね。

4 「宇宙戦争」と「地球脱出《だっしゅつ》計画」

九・一一のテロは、あくまでも〝アピタイザー（前菜）〟

H・G・ウェルズ　だから、先ほど、なんか言っておったが、たぶん、ニューヨークの摩天楼《まてんろう》群が瓦礫《がれき》になるだろうね。

斎藤　ニューヨークの摩天楼が瓦礫になる？

H・G・ウェルズ　うん。

斎藤　それは、この前の、テロによるビルの崩壊《ほうかい》とは、また別にですか。

H・G・ウェルズ　あっ、それはね、〝アピタイザー（前菜）〟よ。うーん。何？　〝おつまみ〟？

斎藤　〝おつまみ〟ですか。

H・G・ウェルズ　ああ。

斎藤　あれが、〝おつまみ〟ですか。

H・G・ウェルズ　トレードセンターね？

斎藤　はい。ワールドトレードセンタービルです。

H・G・ウェルズ　〝おつまみ〟ね。ええ。

だから、丸ごと狙《ねら》われるぐらいの脅威《きょうい》が来ると思う。

斎藤　それは「戦争が起きる」ということを意味しますけれども。

H・G・ウェルズ　まあ、そうかもしれないねえ。

「成層圏《せいそうけん》外の戦い」が始まり、エスカレートしていく？

斎藤　冒頭《ぼうとう》、大川総裁からも、ウェルズ様が予言したことは、「ほぼ当たっている」というご解説がありました。

H・G・ウェルズ　いや、まあ、SFだからさあ。あのー、サイエンス・フィクションだ。フィクションが付いている。ああ、科学的にフィクションをつくるのが仕事だからさ。君らを怖《こわ》がらせて、喜んでる面もあるからさ。

斎藤　ただ、今度はまた違《ちが》う小説ですが、一九一四年に出された『解放された世界』という「原爆《げんばく》と世界戦争」をテーマに扱《あつか》った小説では、一九三八年に原子核《かく》分裂《ぶんれつ》が初めて発見される前に、すでに「原子爆弾《ばくだん》」(atomic《アトミック》 bomb《ボム》)という名称《めいしょう》を使っていらっしゃいます。

H・G・ウェルズ　そうだね。うーん。

斎藤　また、『宇宙戦争』などの小説では、当時はまだ、兵器として、「ミサイル」という言葉が使われていなかったにもかかわらず、それをすでに書いていたり、あるいは、〝ピンポイントミサイル〟に当たる軍事用語も使われたりしています。そういうところから見ると、今のお話は、けっこう「脅威」に感じたのですけれども。

H・G・ウェルズ　だからねえ、次は、地上の戦争ばかり考えちゃいけないと思うね。宇宙戦争が始まるからさ。もう、成層圏《せいそうけん》外の戦いが次は始まるよ。

綾織　大国同士のものですか。それとも、地球以外の……。

H・G・ウェルズ　大国が宇宙での戦いまで始め、次には、人工衛星から宇宙ステーション攻撃《こうげき》が始まる。あのへんが全部、電波を支配しているから、あのあたりの攻撃から始まる。

そして、「宇宙ステーションが攻撃される」となった場合には、これまた防衛するものをつくらなきゃいけないから、宇宙の防衛隊をつくらなきゃいけなくなり、「宇宙の防衛隊をまた撃《う》ち落とすものをつくらなきゃいけない」という感じで、エスカレートしていくわね。

そのうちに、宇宙からも、まあ、どんなかたちで介入《かいにゅう》するかは分からないが、「何らかの介入があるであろう」ということは、あなたがたの「宇宙人リーディング」から、予想されるわね。

絶滅《ぜつめつ》したら、リセットされて、「原始時代からやり直し」

綾織　「今は、『宇宙霊界《れいかい》』にラボを持っていて、いろいろな研究をしている」とのことでしたが、そのへんと絡《から》んでくるのでしょうか。

H・G・ウェルズ　まあ、心配じゃないよ。最後はねえ、絶滅《ぜつめつ》したら地球全部をタイム・トリップさせるから。

斎藤　えっ？

H・G・ウェルズ　もう一回、リセットするから。リセットして原始人からやり直しなんだ。君らは、また斧《おの》を持って走り始める。リセットするようになってるから。それは、いろんな星で何度もやってるから。

最後までやってしまったら、要するに、〝ゲームオーバー〟まで行ったら、リセットされて、もう一回、やり直しなんだよ。だから、もう一回、原始の星に戻《もど》るから。うーん。そうなってるのよ。

斎藤　「原始の状態に戻る」というのは、小説『タイム・マシン』の話に似ていますね。

H・G・ウェルズ　「そういう終わりに至らせるか、至らせないか」は、人類の最後の賭《か》けだけど、過去、ほかの星では、そういうことは、すでに、たくさん起きたことであるのでね。

君らの映画にだって、描《か》いてあるじゃないの？　勝手に。私に相談なく。

斎藤　「相談なく」って、そんな（笑）（会場笑）。

綾織　ただ、映画「ファイナル・ジャッジメント」「神秘の法」では、「そういう危機の状態から、抵抗《ていこう》運動を起こし、逆転していく」ということを描《えが》いているのですが。

H・G・ウェルズ　まあ、でも、うーん……。あのー、いや、滅《ほろ》びたらリセットだよ。リセットをかけるから。

地球から脱出《だっしゅつ》する「ノアの方舟《はこぶね》計画」の存在

斎藤　今の話題に関しては、質問者のなかに、〝関与《かんよ》〟している人が一人いらっしゃいます。こちらに（近藤を指す）。

H・G・ウェルズ　うーん？　この人が何？

斎藤　以前、大川総裁の「宇宙人リーディング」で、過去、科学的な力で星を滅ぼすような……。

H・G・ウェルズ　ああ、そういうことをしたことがある人？

斎藤　はい。「ギリギリまでやった」と言われる方がいらっしゃるので、ぜひ、こちらの方から、ヒントを引き出していただければと思います。（近藤に）どうぞ。

Ｈ・Ｇ・ウェルズ　そう。笑い方が怖いよねえ（会場笑）。

近藤　「宇宙での戦争が始まる」ということでしたけれども……。

Ｈ・Ｇ・ウェルズ　当然やるでしょうね。

近藤　当然やられる？　ああ。

Ｈ・Ｇ・ウェルズ　もう進んでるから。実際は、もう宇宙戦争に入っているから、今、地球上の、水平の海の上を飛ぶようなミサイルの戦争なんて考えていないですよ。少なくともアメリカや中国等は、成層圏外に出ての宇宙戦争まで、考えとしては行《い》っていますので、次は宇宙戦争ですよ。うんうん。
どうだ？　何だ？　何だ？

近藤　いえいえ。

斎藤　どうですか。

Ｈ・Ｇ・ウェルズ　な、何？

近藤　そのなかで、人類が……。

Ｈ・Ｇ・ウェルズ　逃《に》げ方？

近藤　いえいえ。人類が生き延びていくためには、どうすればよいのでしょうか。

Ｈ・Ｇ・ウェルズ　それは、ほかの星に移住するのも一つの手だけど、追いかけてくることもあるわなあ。うん。だから、宇宙に行く競争を一生懸命《いっしょうけんめい》してるんじゃないの？　あれは避難《ひなん》計画なんじゃないの？　「ノアの方舟《はこぶね》計画」が進んでるのよ。あなたがたが知らないだけで、地球から脱出《だっしゅつ》する「ノアの方舟計画」というのが、もうすでにあるの。

「万一《まんいつ》、世界戦争になったら、生き残れなくなる可能性があるから、そのときには、一部の人たちを連れて、ほかの星に移住しよう」という計画が、もう進んでる。これは公表はされてない。しかし……。

斎藤　アメリカですか。

H・G・ウェルズ　まあ、アメリカだけではなくて……。

斎藤　ヨーロッパとか?

H・G・ウェルズ　ほかの幾《いく》つかの国で、秘密研究が進んでいる。「ノアの方舟計画」の一部が漏《も》れて、映画なんかにもなってるけどね。

斎藤　「2012」という映画で、同じようなストーリーがあったような気がします。

H・G・ウェルズ　ああ、そうそう。

だから、いろんなかたちでの戦争形態を予想して、まあ、地球人同士の場合と、宇宙からの攻撃を受けた場合と、いろいろ考えて、「地球から脱出する」という計画が一部ある。「地球から脱出し、ほかの所に移住して、また元から始めようか」という計画も同時に進行している。

もう一つの計画は、人類が知らないだけで、リセット計画があり、あなたがたが石斧を持って、イノシシを追いかける時代が、もう一回、来る可能性もある。うん。

斎藤　「もう一つの計画は、地球上ではなく、霊的な世界で計画されている」ということですね？

H・G・ウェルズ　うん。宇宙の神様の大きな力によって、地球自体をブルブルブルブルブルッと、一瞬《いっしゅん》、いや、一瞬と言わず逆回転させていって、歴史を全部巻き戻していき、どこかから、もう一回やらせるのさ。

斎藤　あなた様は、そういう立場に立たれている方なのですか。

H・G・ウェルズ　そうだね。まあ、関係がある。

斎藤　ああ……。

H・G・ウェルズ　うん。

斎藤　計画そのものに対して？

H・G・ウェルズ　一人でやるわけじゃない。私は、宇宙の神じゃないからね。言っておくけど、全知全能の神じゃないからさ。ただ、そういう面白《おもしろ》いことをする、あなた（斎藤）みたいな人の一人だよ。

斎藤　（苦笑）（会場笑）

5　日本にまかれた「世界再建計画の種」

七十年の眠《ねむ》りから覚め、科学的にも巻き返す必要のある日本

斎藤　「今、宇宙にいる」と言われましたけれども、実は、大川隆法総裁が、アメリカのネバダ州にある「エリア51」という秘密基地を探《さぐ》ったときに、「デルタ型の地球製UFOが開発されている」という極秘《ごくひ》計画が明らかになったのです（『ネバダ州米軍基地「エリア51」の遠隔透視《えんかくとうし》』〔幸福の科学出版刊〕参照）。

H・G・ウェルズ　それは、当たり前じゃん。何を言ってるの？

斎藤　当たり前ですか。

H・G・ウェルズ　バカなことを言うんじゃないよ。

斎藤　バカなこと……（笑）（会場笑）。

H・G・ウェルズ　そんなの、さっきの私の本のなかにも書いてあるじゃない。挿絵《さしえ》のなかに載《の》っているじゃない？　何を言ってるのよ。

斎藤　そうすると、デルタ型のステルスB2爆撃機《ばくげき》は……。

H・G・ウェルズ　B2爆撃機なんか、もう、とっくに載っているよ。

『ネバダ州米軍基地
「エリア51」の遠隔透視』
大川隆法著　幸福の科学出版刊

「エリア51」の遠隔透視を行い、アメリカ政府のトップ・シークレットに迫った書。同施設内ではデルタ型UFOが開発され、試作品を飛ばす実験も行われている。

（指で宙に三角形を描きながら）こういう三角のやつだろう？

斎藤　はい。

H・G・ウェルズ　もう載っているじゃない？

斎藤　そうすると、そのデルタ型のUFOなどというものは、もう当たり前の……。

Ｈ・Ｇ・ウェルズ　そんなの当たり前だ。ばかばかしいことを言うんじゃないよ。そんな後《おく》れた話を、いつまで言っているんだよ。

斎藤　では、世界のなかで、日本は、もっと後れています（笑）。今、「ＵＦＯがあるか、ないか」というレベルの議論をしておりますから……（笑）。

Ｈ・Ｇ・ウェルズ　そりゃあ、日本は、今、〝海の底〟から這《は》い上がってこようとしているところだからさ。

斎藤　そうしたら、日本は、「問題外」のレベルになってしまいますよ。

H・G・ウェルズ　日本は、七十年の眠《ねむ》りから、今、覚めようとしているところだから、それは、海から、「宇宙戦艦《せんかん》ヤマト」を発進させなければいけないぐらいの難しさだよ。もう一回、掘《ほ》り出して、それを宇宙へ飛ばさなければいけないな。

だから、大変だ。これから、急速度で、科学的にも巻き返さないと駄目《だめ》だと思いますね。

今、ようやく、少し巻き返しの流れに入っているんじゃないですか。あなたがたが、そうとう危機の宣伝をして、「現実に、危機が来るらしい」ということで、今、理科系の人たちが目覚めてきつつあるところだし、国としての予算も考えようとしつつあるところなので、急速に巻き返してくるとは思うけど、〝ヤマト〟が沈《しず》んだままになっているんだよ。

「キリスト教文明との最終決戦」を考える中国の戦略とは

斎藤　確かに、ご著書のなかには、「二〇二〇年に、経済的なエクスパンション（拡大・膨張《ぼうちょう》・発展）が全世界的に起きる」というようなことが載っておりますが、日本も、今、「アベノミクス」で、どんどん発展しているようには見えます。

そういう経済的な繁栄《はんえい》という視点から見ると、二〇二〇年ぐらいには、日本を含《ふく》め、世界全体が、もう一回、立ち直ってくるわけでしょうか。

H・G・ウェルズ　うーん。それは難しいな。

あなたがたの努力もあるから、何とも言えないけど、中国は、もう、あなたがたなど眼中にない。今のところ、米中の二国対決しか頭のなかにはない。

今、中国は、「とりあえず、二〇五〇年までに、アメリカと世界を二つに分けよう」という話し合いをしているところだからね。

要するに、「ハワイを境にして東と西の二つに分け、アメリカと世界を二分統治しよう」という話し合いをしているけど、それで終わるわけがない。そのあとの「最終決戦」まで考えているよ。

その場合、「次に台頭してくる勢力を、どういうふうに取り込《こ》んでいくか」だよな？

だから、南米は、アメリカの言うことを、あまりきかないだろう？

つまり、中国は、だんだん南米を取りに行っているし、アフリカのほうも、それほどアメリカの手が及《およ》んでいないので、中国は、アフリカも取りに行っているだろう？

それから、中東では、今後の戦争の仕方等によって、憎《にく》しみになるか、味方になるか分からない部分はある。アメリカがイスラエルだけの味方をしていたら、アラブ全体の憎しみを買ってしまう。
イスラム教徒は、中東からアフリカまで広がっているし、アジアにも広がっているから、もし、このイスラム教圏《けん》と中華《ちゅうか》帝国《ていこく》圏とで、何らかの大同団結ができた場合、それは恐《おそ》るべきパワーになるよな。
これで、無神論勢力とイスラム勢力が融合《ゆうごう》して、「キリスト教文明を滅《ほろ》ぼそう」という戦いを挑《いど》んできたときが、最終決戦のときだね。

斎藤　「中国とイスラム教圏が手を結ぶ」ということはありえるのでしょうか。

H・G・ウェルズ　ありますね。今の華僑《かきょう》……。

斎藤　ああ、「華僑のほうから」ですね。

H・G・ウェルズ　マレーシアやシンガポール、その他、オーストラリアまで、貿易をやっているのは、中国人（華僑）ですよ。彼らは、「どちらについたほうが有利か」を考え、「今のところ、西側文明が有利」と見て、そちらについているんでしょう。

ただ、例えば、香港《ホンコン》は、中国に返されてから、だんだん言論の弾圧《だんあつ》が多くなって、制約が大きくなって、商売がしづらくて苦しくなって、（本土からの）人の流入が止まらないので、「中国から独立したい」という願いを持っている。そういうことが許されるのなら、押《お》し返せるだろうけども、あんな香港ぐらいの小さな島なんか、北京《ペキン》政府が、その気になって奇襲《きしゅう》をかければ、はっきり言って、三日で占領《せんりょう》可能ですよ。

「あっという間に香港を占領してしまい、『えっ⁉』と驚《おどろ》いているうちに、次は、台湾《たいわん》占領に入る」という、「ヒトラーの電撃戦」のようなことを中国は考えているはずですよ。

そのように、中華の自由貿易圏が、次々と敗れていくようだったら、華僑は、「いや、私たちは中国人です」と言って、その保護下に入ろうとするようになってくるね。

中国は、このあたりから、アジアのイスラム圏を引っ繰《く》り返しに入る。それで、もし、アメリカが、運悪く中東のほうで、アラブを完全に敵に回すかたちでの戦争状態等を起こしていた場合には、こちらのほうも抱《だ》き込みに入ってくるだろうね。

要するに、十数億から二十億になっていく人口を食べさせていくための計画には、中東あたりの油から、アフリカでの食糧《しょくりょう》増産計画、あるいは、オーストラリア移住計画まで、全部、入っている。「オーストラリアに、三億人ぐらいを移す」

とかね。そういうものが、たくさん入っているんだよ。

だから、「アメリカなんか、一国になって、小さく引っ込んでおれ」という考えですね。

『十三億対三億』なんだから、もともと戦いにならない。同じぐらいの国力になった場合、もう戦いにならなくなってくる。一人あたりのGDPが一緒《いっしょ》になったら、アメリカなんて、台湾みたいなものだ」というような感じかな。

中国が侮《あなど》り、無視しているものが「逆転の大きな力」に

H・G・ウェルズ　ただ、これは、あなたがたにとってはね、実はメリットなんだよ。

中国は、日本なんか、もう相手にしていないのよ。まったく相手にしていないのよ。「二〇五〇年には、日本の経済は、世界の二パーセントぐらいになる」と

見ているのよ。

かつては、アメリカと日本の経済を合わせると、世界の五十パーセントになり、世界経済の半分を日米で占《し》めていたんだけど、中国は、「アメリカも、どんどん落ちていき、日本は、二パーセントまでシェアが落ちる」と見ていて、「自分たちの経済と、どこを合わせれば、世界の半分以上を牛耳《ぎゅうじ》れるか」ということを考えている。

「これが現実に起きるかどうか」という戦いが、ここ、三、四十年の間に起きる戦いだね。

これは、「現実の政治を使っての戦い」「政治経済での戦い」になりますので、中国は、あなたがたをなめ切ってる。完全になめ切っている。

だけど、「日本に救世主、生まれたり」ということを、中国は全然分かっていないのでね。そういう「メシアの力」というものを侮《あなど》ってはいけないんだよ。

だから、かつてのローマが、イエスを侮って、「なんだ。簡単に捕《つか》まえて、処《しょ》刑《けい》できたじゃないか。罪人《ざいにん》の一人として処刑できて、終わり」と思ったのが、あとで、キリスト教にのみ込まれていくようになったよな。

現代では、そんなに時間がかかるかどうか分からないけど、今は、侮っていて、無視しているようなものが、「逆転の大きな力」になってくることはありえると思うね。

綾織　その「逆転」の部分なのですが、最終的に、「アーモンドの花」に象徴《しょうちょう》されるような日本の繁栄というものは、どういう展開で実現できるのでしょうか。

H・G・ウェルズ　それは、ここから、新しい、要するに、何て言うのかなあ、例えば、イスラエルの十二部族が、これから始まっていくような感じで、「新しいものが、ここから始まる」ということだな。
だから、日本建国の時代が二千何百年か前にあったかもしれないけれども、それ以上の大きな種が、今、仕掛《しか》けられている。日本建国ではなく、実は、「世界再建計画の種」が落ちて、その花が開こうとしているけれども、中国とかは、まだ、本当の意味では気づいていなくて、「ちょっとした不満分子が動いている」程度にしか認識はしていない。

「アーモンド」という言葉に仮託《かたく》された「神の名前」とは

綾織　アーモンドの花には、「再生」や「蘇生《そせい》」という意味があるそうなのですが、それが、まさに始まってくるわけですか。

H・G・ウェルズ　うーん……。まあ、いろんな言葉の意味はあるんだけどね。

アーモンドに象徴されているものには、そういうこともあるが、うーん……。これは、ある意味で、「神の名前」を仮託《かたく》しているのよね。

斎藤　え？　神の名前を仮託している？　それは、どういうことですか。

H・G・ウェルズ　実は、「アーモンド（almond）」という言葉に、神の名前を仮託しているわけなんだよ。

あの地域では、「エル」とか、「アール」とかいう言葉は、よく「神の代名詞」で使われるんだよね。だから、「アーモンドの花が咲《さ》く」というのは、「神の花が咲く」ということの〝代名詞〟でもあるんだよな。

斎藤　つまり、「エルの花」「アールの花」という感じなのですか。

H・G・ウェルズ　うーん……。だから、「アルファ」に、「エローヒム」に、うーん……、「ムー」？

斎藤　ムー？

H・G・ウェルズ　「ラ・ムー」？

斎藤　ラ・ムー。

H・G・ウェルズ　このあたりをつなげていくと、「アーモンド」に近い名前が出てくる（注。「アルファ」「エローヒム」「ラ・ムー」は、いずれも、地球の至《し》高神《こうしん》エル・カンターレ〔本体または分身〕が地上に降臨したときの名前である)。

斎藤　それは、やはり、霊的《れいてき》なインスピレーションを受けて、そういう神の名前が、つまり、エル・カンターレ系の名前が象徴されているのですか。そういうかたちの「秘義」があるのでしょうか。

H・G・ウェルズ　うんうん。

斎藤　ああ、なるほど。

アラブと中国を仲介《ちゅうかい》する「華僑《かきょう》」が最終戦争の引き金となる?

斎藤　先ほど、「もしかしたら、中国とイスラムの勢力が融合するかもしれない」

と言われましたが、アーモンドの花が咲くためには、避《さ》けて通れないテーマとして、イスラエルの国の問題がございまして……。

H・G・ウェルズ　そうです。

斎藤　イスラム世界のなかでの〝脅威《きょうい》〟としては、「イスラエルとの戦い」があります。

「黙示録《もくしろく》」では、「メギドの丘《おか》で起きるという最終戦争（ハルマゲドン）」の予言の話が出てきますけれども、「これが、中国とイスラムが手を結ぶ前に起こるかどうか」がポイントになると思うのですが、いかがでしょう?

H・G・ウェルズ　人数的なもので言えば、イスラエルに勝ち目はない。ただ……。

斎藤　でも、イスラエルは、アメリカの最高の兵器を投入し、軍事レベルでは最《さい》先端《せんたん》ですけれども……。

H・G・ウェルズ　ええ。ですから、「アメリカとイスラエルが組む」ということであれば、アラブは生き延びようとして、「中国が強国・大国になれば、中国と組む」という図式が、当然、出てくるんじゃないですか。

その仲介《ちゅうかい》をするのは華僑《かきょう》の……。

斎藤　仲介は華僑なのですね。

H・G・ウェルズ　華僑でしょうね。イスラム教徒であり、かつ、中国人である人たちが、仲介をするでしょう。

斎藤　ああ、なるほど。

H・G・ウェルズ　このへんは、あなたがたが今、伝道している所でしょう？

斎藤　幸福の科学が伝道している所であります。

H・G・ウェルズ　そうでしょう？

斎藤　はい。

H・G・ウェルズ　だから、どちらに行くか、やっているんでしょう?

斎藤　ああ、綱引《つなひ》き状態なのですね。ウェルズ様には、どのように見えるのですか。やはり……。

H・G・ウェルズ　それを言ったら、面白《おもしろ》くないんじゃないの?

斎藤　(笑)いや、ぜひ、今日は、そこを教えてください。今の段階で結構ですから。どうでしょう?

H・G・ウェルズ　私には、〝リセットする楽しみ〟だってあるんだからさ。

斎藤　いやいやいやいやいや。今の段階で……。

H・G・ウェルズ　君も、石斧《いしおの》でねえ、ウサギの頭を殴《なぐ》って捕まえて、焼きウサギにする趣味《しゅみ》が、また戻《もど》ってくるかもしれないじゃないか。なあ?

斎藤　はい。原始人は嫌《きら》いではありませんが……（笑）。

H・G・ウェルズ　あっという間にリセットされるから。

斎藤　はい。

H・G・ウェルズ　うーん。それは、君たちの、これからの努力に、かかわっているんじゃないの？
今のところ、圧倒《あっとう》的に不利だよ。

斎藤　圧倒的に不利ですか。

H・G・ウェルズ　うん。圧倒的に不利だよ。

斎藤　うーん……。

H・G・ウェルズ　現状の戦力から見れば圧倒的に不利であって、君らは、〝バイ菌《きん》〟にしかすぎない。彼らから見れば、「死滅《しめつ》させるべきウイルス」であって、今のところ、君らは、〝ペニシリン〟を打ち込まれる運命にある。

斎藤　今のところは？

H・G・ウェルズ　うん。今のところ、日本国民が、全然、君たちを盛り立てようとしないからね。

綾織　中国が油断している間に、何とか頑張《がんば》っていきたいと思うのですが……。

H・G・ウェルズ　うーん。

他国から「助力する勢力」が現れてくるかが鍵《かぎ》

綾織　今、幸福の科学には、世界に法を伝えていく部分と、幸福実現党というかたちで、政治を変えていく部分、さらに、教育事業の部分もあるわけですが、こうしたものの力を、最大限、大きくしていくためには、どうすればよいのでしょうか。

H・G・ウェルズ　分からないねえ。「君たちが、この世で勝てるか、勝てないか」は分からないですね。

救世主だって、「この世で目に見えるかたちで勝つ場合」と、「この世では敗れたように見えて、霊的に勝つ場合」と両方ありえるし、「葬《ほうむ》り去られる救世主」もいることはいるので、三通りあるから、それは分からないねえ。

あとは、「他の国にも、助力する勢力や、指導者が台頭してくるかどうか」ということも……。

斎藤　「助力する勢力」とは、他国から共鳴する人が……。

H・G・ウェルズ　「あなたがたの考え方に同調するような人が、政治指導者として現れてくるかどうか」ということも、大きなことだろうね。

例えば、韓国《かんこく》なら韓国、台湾なら台湾にも、信者はいるだろうけども、彼らのなかでの反日勢力を煽《あお》る「国の宣伝作戦」があるだろうから、「韓国人として、愛国心を持って国に忠節を尽《つ》くす力」と、「この新しい教えに帰依《きえ》して変えていこうとする力」とのぶつかり合いはあるだろう。

数的に言えば、（活動が）激しくなれば弾圧される可能性もあるから、それを乗り越《こ》えてまで国を変えていく力になるか。あるいは、弾圧を恐れて逃《に》げたり、潜《もぐ》ったりするか。まあ、そういうことは、ありえるね。

先ほど言った香港でも、香港の経済人や富豪《ふごう》たちは、「中国に丸ごと吸収されるか」「海外に全員逃亡《とうぼう》するか」、二つの選択肢《せんたくし》を考えていたところ、あなたがたが来て、「香港が中心となり、中国を変えるために戦え」というような命令を出したので（二〇一一年五月二十二日、香港で「The《ザ》 Fact《ファクト》 and《アンド》 The《ザ》 Truth《トゥルース》」〔「事実」と「真実」〕を説法《せっぽう》）、今、香港の抵抗《ていこう》運動が、非常に強くなってきているね。

だけど、この香港の抵抗運動が、チベットのようにやられてしまうか。あるいは、「あくまでも、五十年間、今の体制を維持《いじ》する」と言ったなかで、中国自体を変えてしまうほうの力が強くなるか。今、この駆《か》け引きをやっているよね。

台湾も韓国も、実は、今、日和見《ひよりみ》のなかにある。

だから、「西洋型文明の優位が続くか、没落《ぼつらく》のほうが早いか」は、本当に分からない。もし、アメリカが、ジェットコースターのように急落していくようであれば、やはり、世界の見方は変わるよね。

つまり、みんなが「中国の時代だ」と思うようになったら、「そちらに右へ倣《なら》え」になることは、当然あるよね。

6　キリスト教圏《けん》・イスラム教圏の動向

アメリカに留学生を送り「テクノロジー」を盗《ぬす》む中国

綾織　「アメリカが、何とか踏《ふ》みとどまって、中国に対抗《たいこう》していき、戦いに勝利する」というシナリオは、なかなか難しいのでしょうか。

H・G・ウェルズ　だから、経済力で、中国が、アメリカの二倍、三倍になった場合、残念ながら、いわゆる日本と一緒《いっしょ》で、彼らも専守防衛型になる可能性は、かなりあるね。

すでに、中国からは、アメリカに留学生がたくさん来ていて、「アメリカのテクノロジーを学びつくそう」として、盗《ぬす》んでいるけども、逆に、アメリカから中国に留学して勉強したりするわけではないので、中国がやろうとしていることは分からない。

つまり、「中国が実際にどこまで進んでいるか」は分からないと思うね。もう、このへんは、「スパイの戦場」なので、企業《きぎょう》スパイが暗躍《あんやく》し、情報網《もう》をかいくぐって、戦いが繰《く》り広げられているけれども、そのなかで、日本は、完全に蚊帳《かや》の外に置かれている状態ですね。

地中海圏《けん》は「新しいマホメット」を欲《ほっ》している

斎藤　アメリカのほうの「力」という意味では、その「キリスト教の勢力」ということで言いますと、今回、フランシスコという方が、中南米出身者として初めて、ローマ法王になりましたが、例えば、イスラムや中国に対して、「キリスト教的な動きでの反撃《はんげき》」というものは、ありえないのですか。キリスト教も弱まってしまうのでしょうか。

H・G・ウェルズ　今、カトリックのほうが弱ってきているのが分かるでしょう？

斎藤　はい。

H・G・ウェルズ　スペイン、イタリア、ギリシャ、次いで、フランスも弱っていくかどうかがかかっていますが、今、カトリック系が弱ってきつつあるんですよ。

それから、地中海を挟《はさ》んだイスラム圏《けん》でも、いろいろ紛争《ふんそう》が起きていて、今、価値観が流動化しているんですよ。
やはり、ここも、新しいリーダーが出てくる可能性があるあたりです。地中海圏にもね。
斎藤　地中海圏に、新しいリーダーですか。
H・G・ウェルズ　うーん。出てくる可能性がありますねえ。新しいリーダーが、これをまとめ上げなければいけない。
斎藤　ヨーロッパを統一するリーダーですか。
H・G・ウェルズ　うん。向こうも、「新しいマホメット」を欲《ほっ》する時代が来るでしょうね。

斎藤　はあ！

H・G・ウェルズ　たぶん、「軍事と宗教の両方を兼《か》ね備えたリーダー」が欲しいでしょうねえ。

斎藤　「今、カトリックが弱まっている」とのことですが、例えば、十二世紀のカトリックの大司教に「マラキ」という人がいます。

その方の予言によると、「ローマ法王は、第一六五代から数えて百十二人（対立教皇十人を含《ふく》む）で絶える」というように言われているのですが、実は、その百十二人目に当たる方が、今の法王であるフランシスコなのです。やはり、「ローマカトリックが本当に絶えてしまうような動き」というのは、あるのでしょうか。

H・G・ウェルズ　うーん……。

斎藤　それとも、絶えないのでしょうか。

H・G・ウェルズ　うーん……、うーん……。

斎藤　際《きわ》どい論点なのですが……。

H・G・ウェルズ　まあ、人間ですからねえ。だから、あちらも、「人間宣言」

をしなければならない。要するに、神の代理人としての力を持っている、いわゆる救世主的な人が、ローマ法王をやっているわけではなく、「〝選挙政治〟に勝った人がなっている」ということなので、まあ、ほとんど、人間社会と同じですよね。

実は、ローマ法王には、何らのカリスマ性もなければ、政治的な力もないですよ。

その意味においては、今、スキャンダルに見舞《みま》われているけど、やはり、「〝地《じ》盤沈下《ばんちんか》〟している」と言わざるをえないでしょうね。

だから、恐《おそ》るべきは、イスラム圏のほうに、軍事的・宗教的指導者が出てくることです。フセインも、それを目指したのかもしれないけれども、「ムハンマド（マホメット）の再来」のような人が出てきて、地中海圏を全部制覇《せいは》することも、可能性としてはないわけではないですよね。

斎藤　それは、ここ数十年ぐらいですか。

H・G・ウェルズ　ええ。出るとしたら、そろそろですよね。

斎藤　そろそろ出る感じ？

H・G・ウェルズ　うーん。

大国にもかかわらず「神」がいないアメリカ

H・G・ウェルズ　それと、「中国関連、インド関連がどうなるか」の問題も、まだ、あるよね。

日本も、一生懸命《いっしょうけんめい》やっていますよ。

大川総裁が世界巡錫《じゅんしゃく》をしたように、新しい安倍《あべ》総理も世界を回っているし、天皇・皇后両陛下もインドに行こうと計画されているんでしょう?

だから、ちゃんと包囲網をつくろうとしてはいるけども、当然ながら、包囲網に対しては、それを破ろうとする動きが出るはずですから、別のかたちで破ってくるでしょうね。

ただ、「アメリカをどうするか」ということには、日本の力では、どうにもならない面はあるので、「アメリカが再び輝《かがや》きを取り戻《もど》すか、一有力国の地位まで落ちるか」ということは、アメリカ人にかかっているわねえ。

それで、アメリカは、不思議な国で、神様のいない国なんですよ。歴史が短くて、二、三百年しかないし、ヨーロッパからの難民が、インディアンから取り上げてつくった国なんですよね。

だから、アメリカには、そういう意味で、救世主が出ていないんですよ。不思議なことにね。

しかし、数多くの戦争のカルマはつくっているんですね。

ですから、このへんは、天上界《てんじょうかい》のご計画にもよると思うんですが、まあ、どういうふうになされるつもりなのか。これは、ちょっと、私では、決めかねる。

あなたがたが、この教団の方針を決められないのと、まったく同じ状況《じょうきょう》で、観察することはできても、決めることができないので、残念ながら、申し上げることができない。どうされるかは、私には分からない。

7 「未来」は変えられるのか

科学を進歩させ「核《かく》兵器を無力化すること」は可能？

綾織　ここで、少し科学的なところをお伺《うかが》いしたいと思います。

H・G・ウェルズ　うーん。

綾織　「核《かく》戦争が、二〇五〇年ぐらいまでに起きてくる」とのことですが、逆に、「人類が科学を進歩させて、核兵器を無力化する」という方向で、混乱をなくしていくことが可能だと思うのですけれども……。

H・G・ウェルズ　いや、それは、すでに、オバマさんとかも言っていることだし、広島・長崎《ながさき》でも言っていることでしょう？

綾織　はい。

H・G・ウェルズ　もうずっと前から、「なくしましょう」と、みんな言っていることでしょう？

しかし、それを言えば言うほど、占領《せんりょう》されやすくなっていくんですよね。

綾織　政治的な主張としては、そうなのですが、科学の面で、「核兵器を機能しないような方向に持っていく」とか……。

H・G・ウェルズ　いやあ、それは、核兵器よりも、もっと安くて、もっと効率がよくて、もっと便利なものがつくれれば、廃《すた》れるでしょうよ。それは、あなたがたが使っている携帯《けいたい》電話と同じですよ。もっといいものができれば、自動的に消えるでしょうけどね。

綾織　あるいは、戦争のスタイルが新しくなり、戦争自体が、だんだん、なくなっていくような方向に持っていくのは難しいのでしょうか。

H・G・ウェルズ　人間に意志があるように、国家としての意志がある以上、〝フレンドリー〟にできないかぎりは、必ず、戦争、ないし、それに近い状態は今後も起きるし、世界は、エクスパンディング（拡張）している途中《とちゅう》にあるので、新興勢力同士はぶつかりますよね。
例えば、インドと中国だって、領土争いが起きる可能性は、今後とも、大きいしね。

未来は「リーダーの育成・輩出《はいしゅつ》」にかかっている

H・G・ウェルズ　いや、でも、分からないですよ。今後、まだ、一《ひと》世代の努力で変わる可能性が高いので、「一世代の間に、リーダーが出るか出ないか」にかかっているところがあるんですよ。

綾織　ということは、「日本も含《ふく》め、各国で、しっかりとしたリーダーが出ることによって、かなり未来は変わってくる」と？

H・G・ウェルズ　うーん。だから、あなたがたが大学をつくれば、おそらく、海外からも留学に来るでしょうけれども、「（留学生たちを）世界のリーダーにして帰す」ぐらいの文化的高みがあれば、つまり、「新しい聖書や仏典《ぶってん》を勉強させて帰し、その種をまいていく」ぐらいの大きな計画性があれば、アフリカやアジアの他の国や、ヨーロッパやアメリカにも広がっていくことはありえると思いますけどね。

ただ、大きな力学がたくさん働いているので、私の計算に基《もと》づいても、十分には分からない。

だから、「もし、今後、中国が十五億、十六億と人口を増やし、その経済力が、アメリカの二倍、三倍になっていったときに、世界がどうなるか」ということに関しては、実に、厳しい。アメリカの補完勢力となるべきものがない可能性があるわけだね。

ヨーロッパでは、今、EUが失敗に入ろうとしている。〝弱者連合〟をつくって、経済的繁栄《はんえい》をつくろうとしていたけれども、今、失敗に入ろうとしているね。あと、新興勢力がたくさん出てきますが、それらが、どの程度のものであるのか。

中国は朝貢《ちょうこう》外交をさせようとするでしょうけども、そういうふうになるか。日本やアメリカの側につくか。今、このへんで戦っている。もう〝三国志《さんごくし》〟の世界そのものでしょうねえ。

だから、この一世代、あと二十年で、方向は、だいたい見えると思います。

綾織　つまり、「この二十年で、とにかく、人を育てて、日本や世界の指導者を輩出《はいしゅつ》していくことが、いちばんの鍵《かぎ》になる。そこに努力を集中するのが、いちばんの生き筋だ」ということになるのでしょうか。

H・G・ウェルズ　うん。ただ、現状を見るかぎりは、厳しいですよね。あなたがたの総裁は、弟子《でし》に恵《めぐ》まれておらんようですから。

弟子の力が弱いようですね。もうちょっと力のある弟子がいないと、厳しいですね。

私には、まだ人材が隠《かく》れているのかどうか、よく分かりませんが、今のままでは厳しいでしょうねえ。

斎藤　これについては、本当に深く反省し、もう一回、再生していくように、われわれは、努力を重ねてまいります。

もはや機能するとは思えない「国連」

斎藤　例えば、ウェルズ先生は、「国連」というものを、どのように見ていらっしゃいますでしょうか。

H・G・ウェルズ　これは、たぶん、もう、そんなに機能しないですね。やはり、韓国《かんこく》から国連の事務総長を出したあたりで、本当に終わりでしょうね。あんな紛争《ふんそう》当事国の人を国連の事務総長にして……。

斎藤　紛争当事国（笑）。

H・G・ウェルズ　ハハハ。それで解決がつくわけないですね。

斎藤　なるほど。

H・G・ウェルズ　国連は、もはや機能するとは思えません。

斎藤　ウェルズ先生は、ご生前、どちらかと言うと、「国連」や「ユートピア」など、そういうものに、非常に思いを持たれて……。

H・G・ウェルズ　ええ。もちろん、影響《えいきょう》を与《あた》えましたからね（注。ウェルズは、「国際連盟」を構想し提唱、その推進者として設立のために尽力《じんりょく》した）。

斎藤　はい。

H・G・ウェルズ　そういうことに影響を与えましたが、やはり、運営は、うまくいっていないと思います。

斎藤　「理念的にはよかったけれども、実践《じっせん》的には、もうひとつ」ということでしょうか。

H・G・ウェルズ　実際には、大国が動かしていますよね。ついこの前は、米ソの二大大国だし、次は、米中になろうとしている。

しかし、アメリカには嫉妬心《しっとしん》があるので、日本の大きな成功を、そんなに望んでいないところもあるし、先の戦争での戦勝国にも、「体制を維持《いじ》したい」という気持ちがあるので、成功体験が、彼らにとっての災《わざわ》いになるでしょう。

一度、敗戦体験をすれば、もう一回、考えることもできるんですけどもね。

8 「情報鎖国《さこく》・日本」の現状を嘆《なげ》く

「二一〇〇年に幸福の科学が存在する確率」は五分五分《ごぶ》?

綾織　少し先の話になりますが、最初の部分で、「二一〇〇年代、新しい人類が、宇宙人との合いの子のかたちで登場する」というお話がありました。

その時代、世界の政治状況《じょうきょう》などは、どのようになっているのでしょうか。やはり、「超《ちょう》大国」というかたちでの支配的な国が存在しているのでしょうか。

H・G・ウェルズ　うーん……、それは、もう、君たちのハッピー・サイエンスが「二一〇〇年代に存在するかどうか」を訊《き》いてくれなければいけないかもしれませんね。存在するか存在しないかは、まあ、五分五分《ごぶごぶ》ですよ。

斎藤　つまり、現代の、この時間のなかで、「運命が大きく変化する可能性がある」ということですか。

H・G・ウェルズ　うーん。

斎藤　生前のご著書には、確定的に「こうだ」というふうに、よく書かれていましたが、必ずしもそうではない面もあるのでしょうか。

H・G・ウェルズ　まあ、言ってもいいけどね。

斎藤　何らかの「変数」があるわけですか。「言ってもいい」ということは、すでに知っておられるのでしょうか。

H・G・ウェルズ　まあ、サイエンス・フィクションだからね。「フィクション」というところで、五十パーセントは隠《かく》さなければいけないから。

今、〝明治維新《いしん》前夜〟の攻防《こうぼう》が宇宙レベルで起きている

斎藤　「オカルト担当」の質問者として申し上げますけれども、一つの奇手《きしゅ》あるいは奇策として、「宇宙」にかかわる方法などで、何かありますでしょうか。

例えば、今年の二月、ロシアのチェリャビンスクで隕石《いんせき》落下事件がありましたが、実は、マッハ五〇のスピードで、隕石が地上に落下する寸前、異星人が何らかの兵器を用いて撃《う》ち落としていたことが、大川隆法総裁の遠隔透視《えんかくとうし》（二〇一三

年三月収録「ダークサイド・ムーンの遠隔透視」）によって明らかとなりました。

そのように、水面下において、他の星から地球をよい方向に持っていったり守ったりしてもらえるような働きを、内心期待する面もあるのですが、いかがでしょうか。

H・G・ウェルズ　だから、これはねえ、実は、日本の明治維新《いしん》のときに、外国勢力が、「幕府側につくか、革命勢力につくか」で、武器の援助《えんじょ》とか、お金の援助とかによって裏から支配しようとしたのと同じようなことが、今、宇宙で起きているんだよ。

斎藤　そんなことが起きているのですか。

H・G・ウェルズ　うーん。「地球で、どちらの側を応援して、自分らの勢力を大きくするか」ということを、今、現実にやっているのでね。
これは、地球だけでやっていることではなくて、宇宙のスペース・ブラザーズのなかでの勢力抗争《こうそう》があって、それが投影《とうえい》されているんだ。

斎藤　今、その最中《さいちゅう》なのですか。

H・G・ウェルズ　最中です。

「宇宙人研究」の分野で日本は五十年後《おく》れている

斎藤　昨年、大川隆法総裁が中国の遠隔透視を行ったところ、ゴビ砂漠《さばく》の奥《おく》に、中国版「エリア51」とも言うべき秘密の軍事基地の存在が明らかになりました

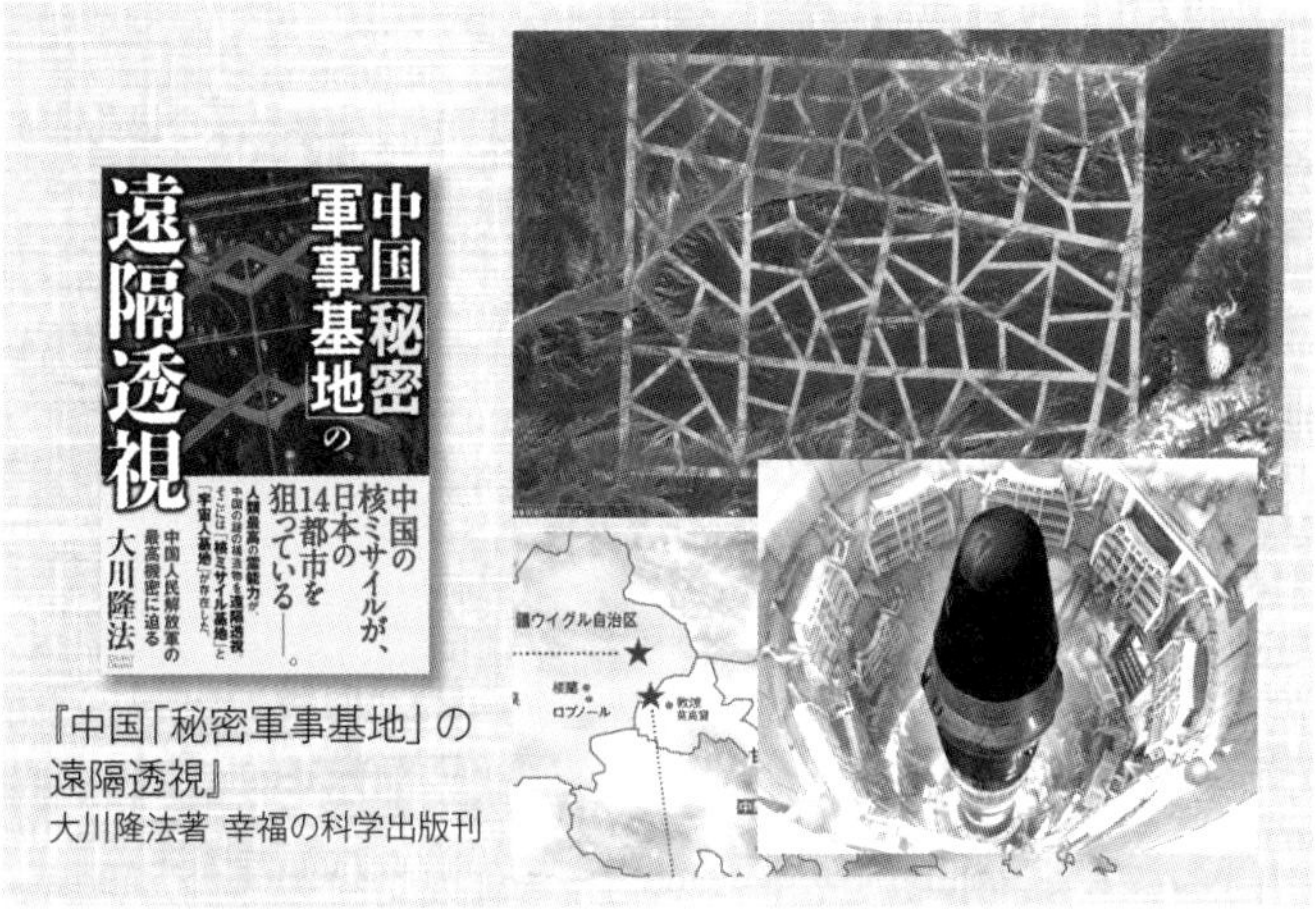

『中国「秘密軍事基地」の遠隔透視』
大川隆法著 幸福の科学出版刊

ゴビ砂漠の奥にある、中国の「謎の構造物」を遠隔透視し、その最高秘密に迫った書。そこには「核ミサイル基地」と「宇宙人基地」が存在した。

（『中国「秘密軍事基地」の遠隔透視』（幸福の科学出版刊）参照）。そこで、「異星人が地下基地をつくり、宇宙船を持っている」とか、「異星人に技術供与《きょうよ》され、兵器を開発している」とかいうようなことを、どんどんやっているようには聞いていているのですが……。

H・G・ウェルズ　君らは、科学のレベルでは、もう〝原始人〟なのよ。

斎藤　え？　〝原始人〟？

H・G・ウェルズ　うん。もう、日本だけ特別に後《おく》れているからね。

斎藤　「日本が」ですか。

H・G・ウェルズ　うん、うん。

斎藤　日本が特別に後れている？

H・G・ウェルズ　特別に後れているのよ。もう本当に、情報鎖国《さこく》しているのよ。北朝鮮《きたちょうせん》みたいな国なのよ。

斎藤　（笑）そんなバカな……。

H・G・ウェルズ　本当にそうなのよ。まったく知らない。

斎藤　いや、科学は進歩していますよ。

H・G・ウェルズ　まったく知らないよ。

斎藤　今、日本からは、「iPS《アイピーエス》細胞《さいぼう》」研究の山中《やまなか》教授とか、優《すぐ》れた科学者をどんどん輩出《はいしゅつ》していますよ。

H・G・ウェルズ　いや、その程度は、みんなアメリカでやっているんだよ。

斎藤　ああ、確かに（笑）、山中教授も、研究はアメリカに行ってやっていました。

H・G・ウェルズ　宇宙人情報なんて、とっくの昔からたくさんあるのに、日本は、それを全部封印《ふういん》してきたんです。日本では、そういうことを言う人を、みんな〝精神病〟にしてしまうのでね。

この日本のなかに、そういう唯物論《ゆいぶつろん》の思想が入っているのよ。つまり、今、思想的に見て、半分はすでに中国系の植民地化をされているんですよ。だから、ろくに研究していないの。ろくな研究をしていないので、そうとう後れていますよね。

（日本では）難しいですね。サイエンス・フィクションみたいなエンターテイメントのかたちで、みんなに広めて〝地ならし〟をしなければいけないレベルですから。

まあ、はっきり言って、五十年後れているわな。

真実を語れない現代日本は「ナチスの支配下」と同じ状況《じょうきょう》

近藤　今後、日本においても、そうした宇宙人の技術を、もっと発達させる必要があるかと思うのですが、そのためには、宇宙人との交流によって、UFO技術を頂いたりとか……。

H・G・ウェルズ　まあ、あの世を信じないぐらいのレベルでは無理ですわ。それは無理だと思います。

「あの世」だの「霊《れい》」だのを信じない人が、全体の三分の二なんでしょう?

それが、さらに、「宇宙人との交流物語」ですか、「宇宙人が地球を支配しにくる」とか、「宇宙人と交流する」とか、「宇宙人がどこの国を味方する」とか、日本でそんな話をしたら、精神病院に入れられるでしょう。受験で最高の偏差値《へんさち》を取って医学部に行った秀才《しゅうさい》たちが、そういう人たちをみんな、精神科病棟《びょうとう》に隔離《かくり》する世界ですのでね。

私たちの世界から見れば、ある意味、日本のみなさんは、ナチスに支配されているのとほとんど一緒《いっしょ》の状況《じょうきょう》なんですよ。もう、真実を語れば、全員、〝ゲットー〟（強制収容所）に入れられて、隔離されてしまう世界ですのでね。

大川隆法師は、実に、よく頑張《がんば》っていますよ。このキチガイじみた世界のなかで、よく健闘《けんとう》をし、いまだ健在であることを、私は感動の思いを持って見ていますよ。

そういう教えを、サイエンス・フィクションとして説くなら、まあ、いいだろうと思いますけど、「事実」として平気で言っています。よく、病院に連れていかれないで済んでいますよね。頑張っています。まあ、弟子《でし》も、その分、頑張ってはいる。それは認める。

けれども、日本人全体が狂《くる》っていることについては、変えられていない。

9　もっと大きな「志」を持て

「考えが大きく、大局的判断のできる人」をリーダーに

斎藤　ウェルズ様は、サイエンス・フィクションを本に著《あらわ》し、啓蒙《けいもう》されたと思うのですが、未来科学の発展のために、一種の教えを広めるような役割もされたのでしょうか。

例えば、今、ここに、ウェルズ様の『世界はこうなる』という本がありますけれども、これを出した三年後に、ご自身の脚本《きゃくほん》で映画をつくられたという話は、すごいと思いました。

活字だけではなく、なぜ、それほど情熱的に映像を広げようとされたのでしょ

うか。

H・G・ウェルズ　いやあねえ、君らのところの出版社がね、もう少し巨大化《きょだい》して、力を持っていたら、僕《ぼく》だって本を出すよ。

斎藤　本当ですか。

H・G・ウェルズ　うーん、H・G・ウェルズでしょう？　未来社会の本ぐらい出してあげる。『霊界《れいかい》からのH・G・ウェルズ――未来社会はこうなる』という本を出してやるよ。

だけど、今は、出したって、どうせ大して売ってくれないからさあ、ばかばかしくて、出せやしないよ。なあ？

君らは、やることが小さいだろう？　考え方が小さくて、もう、とてもじゃないけれども、やっていられないね。もっと、「十倍、百倍にしよう」と思わなければ駄目《だめ》だよ。

斎藤　すみません。

Ｈ・Ｇ・ウェルズ　出版社一つ取っても、考えの小さい人ばっかりだから、もっと考えの大きい人を上に上げなければ駄目ですよ。大きい人を上げないと、小さい人ばかりが上へ上がっていく可能性があるので、よくない。

これは、日本の教育が悪いの。とっても悪い。

つまり、細かいことばかりする人を「頭がいい」と判断し、大局的なものの見方をできない人がリーダーになっている。これが発展しない理由だね。

だから、私が本を出したとして、それが日本中で読まれるようになるのなら、出してもいいけれども、そうはならないでしょうね。

斎藤　確かに、今、ウェルズ先生の作品は、『宇宙戦争』をはじめ、『タイム・マシン』『透明人間《とうめいにんげん》』『モロー博士の島』等の代表的な小説や、映画など、もう全世界に広がっていますが、そのなかで、未来が変わっていくということがあるのだと思います。

世界を制覇《せいは》できるだけの「映画・出版文化」を

斎藤　今のお話を伺《うかが》って気合いが入りましたので、「われわれも、もっと思いを大きく、志を大きくしていかなければならない」と思いました。

Ｈ・Ｇ・ウェルズ　映画なら映画で、もっとハリウッド並みに、世界を制覇《せいは》していかなければならないし、出版文化なら出版文化で、やはり世界を制覇していかないといけない。

また、現地での活動も、もっともっと大きくしていく必要がある。例えば、中華圏《ちゅうかけん》で、「華僑《かきょう》に寝返《ねがえ》りさせられる」と思ったら、頑張《がんば》ってこちらに引きずり込《こ》んでくる。イスラム圏に対しても、「（エル・カンターレは）『イエスの父』だけではなく、『ムハンマドの父』でもあるのだ」と言って種をまき、引っ繰《く》り返していかないといけない。

そうしないと、間に合わない……、かなあ。もう、間に合わないかなあ。うーん……。

斎藤　今、大川隆法総裁製作総指揮のアニメーション映画「神秘の法」（二〇一二年公開）が、アメリカその他、海外各地の映画祭で幾《いく》つかの賞を受賞し、言語の壁《かべ》を超《こ》えて、「本当に感動して、涙《なみだ》した」という方が多数出ています。これは、覇権拡大を狙《ねら》う中国に対する反撃《はんげき》として、思想的にも訴《うった》えている映画です。

これから、このようなものを、サイエンス・フィクションなど、さまざまな手段を通して、どんどん強く訴えていく活動をさせていただきたいと、改めて思いました。

「フジヤマ」「ゲイシャ」に替《か》わる日本文化の発信が必要

H・G・ウェルズ　まずねえ、日本を中心にやっていて、ここで過半数の支持を取れなければ駄目なのよ。君たち、志がすごく小さいでしょう?

日本はまだ世界最高の国ではないので、日本で流行《はや》ったものが世界で流行るとは限らない。しかも、日本語の限界があるので、すべて翻訳《ほんやく》を通さないかぎり、海外へは行かないという意味での弱さがある。まあ、悔《くや》しいことだけどね。

同時に、日本文化をもう少し世界に浸透《しんとう》させなければならない。

それは、日本料理だけじゃないよ。もう、「ヤクザ」と「ゲイシャ」と「フジヤマ」しか流行らないような、そんな日本文化では駄目だよ。まあ、あとは「ニンジャ」か。イスラム圏では忍者《にんじゃ》が流行っているようだね。忍者部隊をつくって、大勢の女忍者が訓練しているようだけどもね。

しかし、この程度の文化しか発信できていないことに対しては、本当なら、やはり、「文化発信省」が必要なぐらいだね。

斎藤　「日本文化を発信する省庁が必要」とのことですが、そのように、もっと大々的にガーンと打ち出すべきでしょうか。

H・G・ウェルズ　うーん、そうそう。今の外務省は駄目だね。「文化発信省」が必要なぐらいだ。そして、世界にもう少し「新しい智慧《ちえ》」を出さないと。

「幸福実現党の現状と課題」を分析《ぶんせき》

H・G・ウェルズ　君らが（選挙で）勝てなければ、もう駄目だね。だけど、君たちの〝性能〟は、もう、だいたい判定されつつある。〝性能〟の悪さが、もう、だいぶ見えてきたのでね。うーん、残念ながら、「国内の革命勢力になりえないのではないか」ということが見えてきている。

斎藤　いや、今、全国の当会の信者のみなさま、支部長さんをはじめとしまして、夏の参議院選挙に向けて、本気で取り組んでおります（収録時点）。

H・G・ウェルズ　ああ、もうねえ、何と言うの？　君たちはさあ、ほとんど、一人のスターさえ生むことができないでいるレベルだし、ほかの政党ではすぐに何十パーセントも支持率を取れるようなことが、まったくできないでいる。

要するに、君たちは、〝村八分《むらはちぶ》〟のなかで仕事をしているのよ。反対運動のなかで、「ここに住まわせてくれ」と、一生懸命《いっしょうけんめい》に抵抗《ていこう》している蟻《あり》の一家みたいな感じでやっているから、もっと強くなければ駄目なのよね。

だから、残念ながら、あらゆるものが欠けているように思うな。「自分たちの能力を出さない」ということでもって生き延びている感じがする。

斎藤　今の厳しいご教示を心に受け止めまして、信者一同、必ず、粘《ねば》り強く努力していきたいと思います。

ウェルズの視《み》た未来に「アーモンドの花」は咲《さ》いている？

H・G・ウェルズ　うーん、だから、未来は決して明るくない。

今のままだったら、やはり、「核戦争《かくせんそう》」も起きると思われるし、それから、「新しいウイルス型の病気で多くの人類が死ぬような事態」も起きると思われるし、「思想・宗教をめぐっての戦争」もあると思われる。

また、「『世界統一国家』をつくろうとする動き」も出てくるが、それが、「『必ずしも、善なるものではないかたち』で出てくる可能性が極《きわ》めて高い」と思われるので、厳しいですね。

君らは、まだ文化的に押《お》されているから、イスラム圏さえ教化《きょうけ》できていないが、ヨーロッパやアメリカ等では、まったく歯が立たない状態に近い。「そういうものを信じている、日本の小さなグループがあるんだって」という程度で終わっているので、まあ、残された時間から見て、「アーモンドの花」が咲《さ》いて、散って、それで終わるかもしれない（笑）。

綾織　しかし、それだけで終わらせないために、努力してまいります。今まで、私たちには、そういう危機感がまだまだ弱く、主に甘《あま》えているところもたくさんありましたので、これから、何としても、本当に変わっていきたいと思います。

H・G・ウェルズ　だから、「霊界」を超えないと、たぶん、「宇宙人」のところまで行かないよ。

斎藤　そうですね。今、主は、日本において、真実の霊界観を打ち立てるための「霊性《れいせい》革命」を進めておられますが、これを成し遂《と》げないかぎり、科学の世界も、現実の世界も変えていくことは、とうてい難しいだろうと思います。

「これはもう、思いきり力を入れてやっていかなければいけない」と、今、決意を新たにしました。


H・G・ウェルズ　まあ、メリットがあるとすればね、あなたがたの価値判断には非常に緩《ゆる》いところがあるために、「やや迫害《はくがい》が起きにくい」というところだけはメリットかな？　価値判断がはっきりしすぎている場合には、迫害も激しくなることがあるけれども、価値判断があまり（固定的では）ないために、迫害は少ないところが、メリットではある。

ただ、残念だけれども、まあ、世界を引っ繰り返すには、力が足りなすぎるかなあ。

だから、実勢力として、もっともっと強くないと駄目で、客観的に見れば、まだ世界の一部分の勢力にしかすぎないね。

10　ウェルズの転生《てんしょう》の秘密

『古事記《こじき》』に登場する「天鳥船神《あめのとりふねのかみ》」が日本での過去世《かこぜ》

斎藤　あと、少しお訊《き》きしたいのは、ウェルズ様の「死」についてです。

H・G・ウェルズ　死？

斎藤　ええ。死んだとき、帰天《きてん》されたときのことです。

実は、ウェルズ様は、晩年、小説を書く貧しい作家の卵に多額のお金を寄付するなど、寄付活動等も、非常に一生懸命《いっしょうけんめい》になされました。そして、だんだん死が近づき、一九四六年にお亡《な》くなりになりましたが、最期《さいご》の、いまわの際《きわ》で、奥様《おくさま》が、「この人の心や生き方などは、遠い遠い東洋の国の侍《さむらい》のようだった」と語られたというエピソードもあります。

本日の流暢《りゅうちょう》な日本語でのお話からしても、東洋にもご縁《えん》のあるように窺《うかが》えるのですが、このあたりはいかがでしょうか。

H・G・ウェルズ　ん？

斎藤　過去のご活躍《かつやく》等を含《ふく》めて、日本との縁《えん》、真理の縁《えにし》というものは、どうなのでしょうか。

H・G・ウェルズ　うーん……。うーん。

斎藤　ずばり、お訊きします。

H・G・ウェルズ　うーん。まあ、ないわけじゃないね。うーん……。

斎藤　どんな縁でしょうか。

H・G・ウェルズ　うーん。ないわけじゃないけど……。

斎藤　「アーモンドの花」を咲《さ》かせるために、ぜひ、一つ。

H・G・ウェルズ　ないわけじゃないけどなあ。うーん……。うーん……。日本という国は後《おく》れているからなあ。

斎藤　いや、でも、「日本にアーモンドの花が咲く」と、お書きいただき、いろいろ……。

H・G・ウェルズ　本当に後れているから、何を言っても嘘《うそ》に聞こえて、もう駄《だ》目《め》なんだよ。

斎藤　そこを一つ。

H・G・ウェルズ　もうちょっと信仰《しんこう》が篤《あつ》くて神話が積み重なった、『旧約聖書』から『新約聖書』に流れてくるような、そういう信仰篤い民族に比べて、今の日本は、何て言うのかなあ……、もう、全身負傷して包帯だらけで、杖《つえ》をつき、あるいは、車椅子《いす》で動いているような状態なので、君たち日本人の耳には、素直《すなお》に入らないんだよなあ。

斎藤　「日本とユダヤの民《たみ》が、もともとは一緒《いっしょ》だった」というお話が冒頭《ぼうとう》にあったと思うのですが、そのあたりの背景も、すべてご存じなのであれば、ウェルズ様は、もう一段上のものの見方もなされているご存在かと思います。

ぜひ、その二つの民族の霊的《れいてき》な流れと、その霊流の根源にあるご意識は、どのような存在かを明かしていただければ、それを、われわれが新生するための、一つのきっかけとさせていただきたいと思っております。

H・G・ウェルズ　まあ、そのへんの話が通じる国でないところがつらいところなんだよな。うーん。それが通じるような国ではないんだよ。この国は。「ウェルズはウェルズ」で止《と》めたほうがいい国なんだよね。「ウェルズが日本人だった」というようなことを言うと、もう笑い出す国なんだよ。だから、君ら（幸福の科学）のなかだけで通じて、外に言うと笑い始める国なんだ。

このへんが情けない国なんだよな、本当に。

まあ、日本の古代の神話のなかに、宇宙を飛び交《か》う神様がいるんだよ。「天鳥《あめのとり》船神《ふねのかみ》」と言うのかな。

斎藤　天鳥船神様ですか。

H・G・ウェルズ　だから、宇宙船の神だな。

斎藤　ああ！　それで、「あちこちに『宇宙のラボ』をつくってやっている」ということを、冒頭部分で言われていたのですね。

H・G・ウェルズ　まあ、日本の神話で言えば、それが私だ。

斎藤　天鳥船神様ですね。

H・G・ウェルズ　うん。だから、「宇宙船でやって来た」ということでしょう。

斎藤　はいはい。日本神道《しんとう》の……。

H・G・ウェルズ　だけど、こんなことは、「過去世《かこぜ》SF」と言えば、それでいいのかもしれないけども（笑）。

斎藤　それで、日本のことについて、今、こうして一喝《いっかつ》を頂いているのですね。

H・G・ウェルズ　だから、はっきり言えば、「古代の日本で、宇宙との交流役をやっていた」ということだな。「そういう役割をしていた」ということだ。

アインシュタインと同格で「地球の進化の神」の一人

斎藤　確かに、卑弥呼《ひみこ》様の霊言《れいげん》でも、「当時、有明海《ありあけかい》のほうの空のどこかに、オレンジ色の球体が飛んでいて、いいことか悪いことかを占《うらな》っていた」というような体験をされていた話を頂いたことがあります（『女性リーダー入門』〔幸福の科学出版刊〕参照）。

さらに、「おそらく、縄文《じょうもん》時代ぐらいの古代日本でも、そういう宇宙と交流する文明があった」と語る霊人《れいじん》もいらっしゃいました。

H・G・ウェルズ　う―ん。やはり、天孫《てんそん》降臨の神話も、「霊界《れいかい》からこの世に生まれてくる」という話と、「宇宙から降りてくる」という話とがミックスされてつくられている部分はあるのでね。微妙《びみょう》にミックスされていると思うよ。

いやあ、だから、私は、昔に戻《もど》れば「日本の神でもある」ということだし、もっと昔には、「ユダヤの奥《おく》にある神でもある」ということでもあろうけどもね。

斎藤　あ、日本とユダヤの両方の神様なのですね？

H・G・ウェルズ　うん。まあ、そういうことであるし、エジプトの壁画《へきが》にも、宇宙船は描《か》いてあるからね。

斎藤　はい。

H・G・ウェルズ　だから、「エジプトの神でもある」ということではあろうね。だいたい、そのあたりの仕事をしているから、そうだねえ、うーん……。まあ、君らは、僕《ぼく》を「菩薩《ぼさつ》界の魂《たましい》」と書いているけども（『黄金の法』〔幸福の科学出版刊〕参照）、まあ、いいですよ。東洋だから、好きなように言ってくれても構わないけども、格的に言えば、「仕事のレベルはアインシュタインさんなんかと変わらない」と……。

斎藤　「アインシュタイン様クラスである」と？

H・G・ウェルズ　「彼と変わらない」と思っていただいていいいんじゃないかな。

斎藤　「変わらない」ということですね。それは、やはり、文明をつくる力ですか。

H・G・ウェルズ　そうだね。宇宙と……。

斎藤　宇宙との交流？

H・G・ウェルズ　うん。要するに、「地球の進化の神」の一人なんだよ。

斎藤　ああ。「進化の神」ですか。

H・G・ウェルズ　「進化を司《つかさど》って調整している」ということだ。

斎藤　それで、いろいろなSF、サイエンス・フィクションで、百年先の歴史などを描いているのですね。

H・G・ウェルズ　未来を見せて、方向性を示しているわけだ。「向かうべき方向」をね。

高次元霊《れい》の転生《てんしょう》は「巨大《きょだい》な光が分光しているようなもの」

斎藤　近年、そういう「高度な神」のご存在が、地上に「文学者」として現れるケースが非常に多いような気がいたします。

例えば、イエス様は、文豪《ぶんごう》のトルストイの意識で出ているということもあり……（『トルストイ――人生に贈《おく》る言葉』〔幸福の科学出版刊〕参照）。

H・G・ウェルズ　いや、高次元霊《れい》の場合は、もう、普通《ふつう》の人間の生まれ変わりのようには考えないほうがいいと思います。

斎藤　ああ、そうですか。「〝個体〟として転生《てんしょう》するのではなく、一つの『意識』として、地上に降りてくる」ということでしょうか。

H・G・ウェルズ　ええ。「『役割』を持って分光してくる」というように見たほうが、私は正しいと思いますよ。君らが考えるような、「人体」みたいなものが生まれ変わるようなものでは……。

斎藤　ああ、分光している感じなのですね。つまり、「魂の分身が肉体を持って転々と生まれ変わるような感じではない」ということでしょうか。

H・G・ウェルズ　ええ、そんなものじゃないんです。

だから、民主主義的に、〝電球一個一個〟というような個体として思いたいんだろうけど、そんなものじゃないんだよ。もっと巨大《きょだい》な光なので、「そういうものではない」と思ったほうがいいと思うよ。

11　今の「百倍の力」を

人の能力を引き出せない〝日本株式会社〟では成功しない

綾織　最後に、私たちも、これから本当に努力して、新しい神話をつくっていきたいと思うのですが、そうした「アーモンドの花」「神の花」を咲《さ》かせるためのアドバイスを一つだけ頂けるとしたら、それは何でしょうか。

H・G・ウェルズ　うーん……。いや、君たちは、わざわざ「幸福の科学」という組織をつくったんだけど、結局、ここで、〝日本株式会社〟をつくっているんだよな。つまり、ほかの普通《ふつう》の会社や役所と変わらないような組織ができていて、なかにいる人の能力を引き出せていないんだよ。

総裁は、けっこう面白《おもしろ》いことをいろいろ言う人なのに、君らを通すと、みんな駄目《だめ》になっていくからさ。

まあ、もうちょっと、人材の見分け方というか、その人の「才能」とか「考え方」とか、そういうものに、もっと光を当てて見ないと駄目なんじゃない？　日本的組織では、もう成功しないよ。考え方を改めたほうがいいと思うよ。

例えば、いくら凡百《ぼんぴゃく》の作家見習いが私と競争したって、勝てないものは勝てないのよ。それは「使命」なんだから。「使命」を持って生まれてる者がいるわけなので、そういう人を、ちゃんと見いだしていくことも大事で、そういう人には、それだけの仕事をさせないと駄目だよ。ちょっと、そのへんがねえ……。

「本当は、自分のなかに能力がある」という人が、実際には、まだいるような気がする。教団のなかにもいるし、外にもいるように思うけど、使えていない。

これが、君らの駄目なところだ。

だから、〝純粋《じゅんすい》日本人〟をやっているなあ。そういうところがあるから、今、言ったように、「『未来社会を修正する』という大きな運命を、自分たちが背負っている」と、本当に思うんだったら、そういうものの見方は、やめたほうがいいんじゃないかな。

このあたりの考え方を根本的に変えないと「危ない」というか、要するに、仕事を遅《おく》らせて、生活の安定を図《はか》ろうとする勢力がドメイン（「主流」というぐらいの意味か）になってくるね。

「才能」に対して謙虚《けんきょ》であれ

斎藤　「われわれの自己変革が、即《そく》、日本と世界の運命に直結する」ということを学ばせていただきました。本当に、自分のこととして受け止めて、自己変革に励《はげ》んでいきたいと思っております。

綾織　はい。私たちのふがいないところを教えていただき、ありがとうございます。

Ｈ・Ｇ・ウェルズ　いやあ、それは、もう、百倍の力があって、やっと現実の力になるぐらいじゃないかねえ。

この前の選挙（二〇一二年十二月十六日に行われた衆議院議員総選挙）では、いったい何票取ったんだね？　え？　何票取ったかねえ。それに丸を二つぐらい増やさないと、革命にならないよ。

斎藤　はい。百倍の強い思いで、生まれ変わるようにいたします。

Ｈ・Ｇ・ウェルズ　君たちは、自分らで弱めているんだ。（選挙で勝てないのは）「人気のない人が表に出ている」ということだろう？　要するに、人々に好かれたり、応援《おうえん》されたり、持ち上げたりしたくなくなるような人が上へ上がっていく組織ができているんじゃないの？　それは改めたほうがいいよ。

ちゃんと、みんなから期待されるような人を出していくようにしないと駄目なんじゃないかな。

やはり、「才能」というものはあるよ。それに対しては、謙虚《けんきょ》でなければいけない。年齢《ねんれい》とか経験とか、学歴とか、職歴等では決まらないよ。それは言っておきたい。もし、それで、十年も二十年も後《おく》らせてしまったら、それは大変なことになるよ。

斎藤　「才能に対して謙虚であれ」というお言葉、魂《たましい》に刻ませていただきました！

H・G・ウェルズ　まあ、作家であるから、そのくらいのことを言っても、罰《ばち》は当たらんだろうからさ。

斎藤　はい。

「自己規制」を破り、もっと「クリエイティブ」であれ

斎藤　今日は、お忙《いそが》しいなか、ご降臨賜《たまわ》り、まことにありがとうございます。

H・G・ウェルズ　〝マンハッタン計画〟のところは、それでいいのか。ええ？

斎藤　それはまたの機会として、大学のほうからも一言だけ……。

近藤　幸福の科学大学においても、若い人たちの才能を見いだして……。

H・G・ウェルズ　教える内容にまったく魅力《みりょく》がないので、君らは、サーフィンで人を呼ぼうとしているんじゃないのか。

近藤　（苦笑）

H・G・ウェルズ　え？

近藤　教えの魅力……。
H・G・ウェルズ　そんなふうに見えるが。
近藤　ああ……。
H・G・ウェルズ　サーフィン部をつくって、「世界のサーファーを出そう」とか言って、宣伝するんじゃないのか。
近藤　いえいえ。
斎藤　千葉の海が隣《となり》ですから。

Ｈ・Ｇ・ウェルズ　だから、そんな兵法じゃ駄目なんだって。やはり、頑張《がんば》らないと駄目なんだ。

近藤　分かりました。新しい……。

Ｈ・Ｇ・ウェルズ　総裁が、すごく大きな「世界の屋根」みたいなものをつくろうと思ってるときに、弟子《でし》たちは、ベトナムの屋台の店みたいなものをやってるのさ。見てたら、そんな感じなんだよ。

それは、「かわいそう」という言葉で表せないぐらいの悲劇性を感じるので、君たちは、もうちょっとクリエイティブでありたまえ。

だから、何て言うか、「自分たちで自己規制することが、よき人間であり、よき弟子であり、よき日本人である」と思っているようなところを破らないと駄目だと思うな。

近藤　分かりました。今後とも、若い人も含《ふく》めて、才能を百パーセント開花させ、頑張って未来を拓《ひら》いていきたいと思います。ありがとうございました。

H・G・ウェルズ　はい。では。

斎藤　ありがとうございました。

大川隆法　（H・G・ウェルズに）ありがとうございました。

12 「ウェルズの霊言《れいげん》」を終えて

大川隆法　少し意外なところもありましたね。

今、当会では、高天原《たかまがはら》との交流が、かなり盛《さか》んになっていますので、実は、「日本神道《しんとう》の原点」のところが明らかになろうとしてきているのかもしれませんし、「この国の意味」が明らかになろうとしてきつつあるのかもしれません。「潰《つぶ》そうと思っても潰せない部分」が、今、出てこようとしてきているようにも見えますすね。

だから、「中国などは、昔から、日本のことを属国のように思っているだろうが、そうではないものがある」ということを言っているように思います。

まあ、霊言《れいげん》の内容が明るかったかどうかは分かりませんが、昨日の話題（前日の五月二十一日に「神に誓《ちか》って『従軍慰安婦《じゅうぐんいあんふ》』は実在したか」を収録）よりは、「未来志向」であったと思います。

それでは、以上とします。「日本原罪論から離《はな》れて、未来論を考えましょう」ということですね。

あとがき

果たして未来予知なるものが当たるのかどうかは判《わか》らない。ノストラダムスやマヤの終末予言は外れたようにも見えるが、本書中にも述べたように、H・G・ウェルズの『世界はこうなる』には、昭和八年の段階で、「日本はアメリカと戦争し、原爆を二発落とされて負ける」と書いてあるのが有名だ。未来を透視して予知したと考えても、単なるサイエンス・フィクションとして構想したとしても、ウェルズが預言者資質を持っていたことは疑えない。

数々の未来へのヒントを満載《まんさい》した本書であるが、最も興味を魅《ひ》かれるのは、救世主の登場と、ハッピー・サイエンスの活躍によって未来社会が変わるという点だ。

少々のことにくじけずに、未来を創造していく力となっていこう。

二〇一三年　七月二十日

幸福《こうふく》の科学《かがく》グループ創始者兼総裁《そうししゃけんそうさい》　大川隆法《おおかわりゅうほう》

『H・G・ウェルズの未来社会透視リーディング』大川隆法著作関連書籍

『黄金の法』（幸福の科学出版刊）
『民主党亡国論』（同右）
『ネバダ州米軍基地「エリア51」の遠隔透視』（同右）
『中国「秘密軍事基地」の遠隔透視』（同右）
『女性リーダー入門』（同右）
『トルストイ――人生に贈る言葉』（同右）
『神に誓って「従軍慰安婦」は実在したか』（幸福実現党刊）

H・G・ウェルズの未《み》来《らい》社《しゃ》会《かい》透《とう》視《し》リーディング

―― 2100年 ――世界はこうなる――

2013年 8 月 7 日　初版第 1 刷

著　者　大《おお》　川《かわ》　隆《りゅう》　法《ほう》

発行所　幸福の科学出版株式会社

〒107-0052 東京都港区赤坂 2 丁目 10 番 14 号
TEL(03)5573-7700
http://www.irhpress.co.jp/

印刷・製本　株式会社 東京研文社

落丁・乱丁本はおとりかえいたします

ISBN978-4-86395-369-7 C0030
photo：©agsandrew／Shutterstock.com

大川隆法霊言シリーズ・高天原からのメッセージ

天照大神の未来記

この国と世界をどうされたいのか

日本よ、このまま滅びの未来を選ぶことなかれ。信仰心なき現代日本に、この国の主宰神・天照大神から厳しいメッセージが発せられた!

1,300円

天照大神の御教《みおし》えを伝える

全世界激震の予言

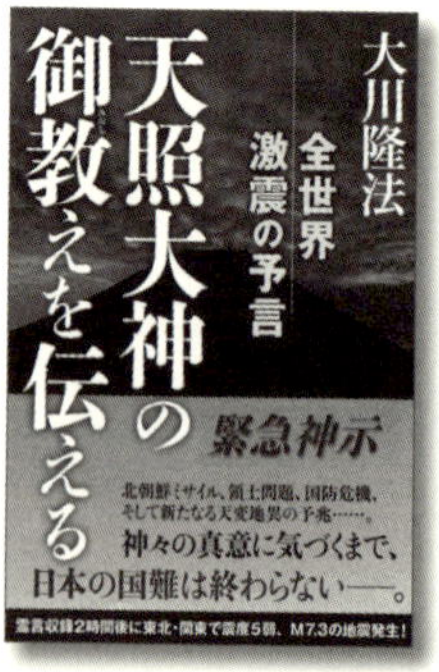

信仰を失い、国家を見失った現代人に、日本の主宰神・天照大神が下された三度目の警告。神々の真意に気づくまで、日本の国難は終わらない。

1,400円

天照大神のお怒りについて

緊急神示　信仰なき日本人への警告

無神論で日本を汚すことは許さない！　日本の主宰神・天照大神が緊急降臨し、国民に厳しい警告を発せられた。

1,300円

※表示価格は本体価格（税別）です。

大川隆法霊言シリーズ・遠隔透視シリーズ

遠隔透視
ネッシーは実在するか
未確認生物の正体に迫る

謎の巨大生物は、はたして実在するのか!? 世界の人々の好奇心とロマンを刺激してきた「ネッシー伝説」の真相に挑む「遠隔透視」シリーズ第3弾!

1,500円

中国「秘密軍事基地」の
遠隔透視
中国人民解放軍の最高機密に迫る

人類最高の「霊能力」が未知の世界の実態を透視する第2弾! アメリカ政府も把握できていない中国軍のトップ・シークレットに迫る。

1,500円

ネバダ州米軍基地
「エリア51」の遠隔透視
アメリカ政府の最高機密に迫る

ついに、米国と宇宙人との機密が明かされる。人類最高の「霊能力」が米国のトップ・シークレットを透視する衝撃の書。

豪華装丁
函入り

10,000円

大川隆法霊言シリーズ・正しい歴史認識を求めて

「河野談話」「村山談話」を斬る!

日本を転落させた歴史認識

根拠なき歴史認識で、これ以上日本が謝る必要などない!! 守護霊インタビューで明らかになった、驚愕の新証言。「大川談話(私案)」も収録。

1,400円

安重根は韓国の英雄か、それとも悪魔か

安重根 & 朴《パ》槿《ク》惠《ネ》大統領守護霊の霊言

なぜ韓国は、中国にすり寄るのか?従軍慰安婦の次は、安重根像の設置を打ち出す朴槿惠・韓国大統領の恐るべき真意が明らかに。

1,400円

神に誓って「従軍慰安婦」は実在したか

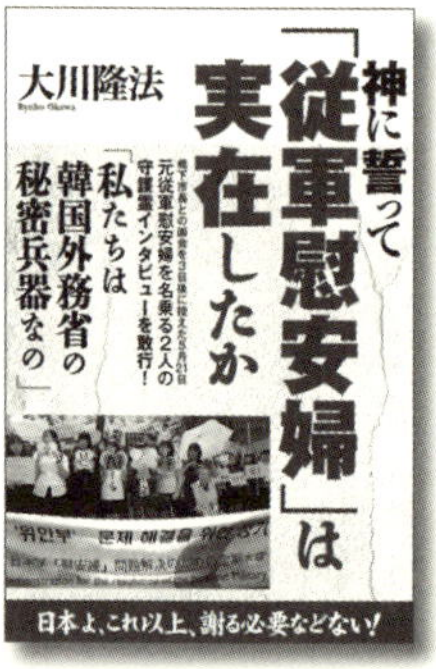

いまこそ、「歴史認識」というウソの連鎖を断つ! 元従軍慰安婦を名乗る2人の守護霊インタビューを刊行! 慰安婦問題に隠された驚くべき陰謀とは⁉
【幸福実現党刊】

1,400円

※表示価格は本体価格(税別)です。

大川隆法 霊言シリーズ・正しい歴史認識を求めて

原爆投下は人類への罪か?

公開霊言 トルーマン & F・ルーズベルトの新証言

なぜ、終戦間際に、アメリカは日本に2度も原爆を落としたのか?「憲法改正」を語る上で避けては通れない難題に「公開霊言」が挑む。

【幸福実現党刊】

1,400円

公開霊言 東條英機、「大東亜戦争の真実」を語る

戦争責任、靖国参拝、憲法改正……。他国からの不当な内政干渉にモノ言えぬ日本。正しい歴史認識を求めて、東條英機が先の大戦の真相を語る。

【幸福実現党刊】

1,400円

「首相公邸の幽霊」の正体

東條英機・近衛文麿・廣田弘毅、日本を叱る!

その正体は、日本を憂う先の大戦時の歴代総理だった! 日本の行く末を案じる彼らの悲痛な声が語られる。安倍総理の守護霊インタビューも収録。

1,400円

大川隆法 ベストセラーズ・宇宙人シリーズ

「宇宙の法」入門

宇宙人とUFOの真実

あの世で、宇宙にかかわる仕事をしている6人の霊人が語る、驚愕の真実。宇宙から見た「地球の使命」が明かされる。

1,200円

宇宙からのメッセージ

宇宙人との対話 Part 2

なぜ、これだけの宇宙人が、地球に集まっているのか。さまざまな星からの来訪者が、その姿や性格、使命などを語り始める。

1,400円

宇宙からの使者

地球来訪の目的と使命

圧倒的なスケールで語られる宇宙の秘密、そして、古代から続く地球文明とのかかわり――。衝撃のTHE FACT 第5弾!

1,500円

※表示価格は本体価格(税別)です。

大川隆法 ベストセラーズ・宇宙人シリーズ

地球を守る「宇宙連合」とは何か

宇宙の正義と新時代へのシグナル

プレアデス星人、ベガ星人、アンドロメダ銀河の総司令官が、宇宙の正義を守る「宇宙連合」の存在と壮大な宇宙の秘密を明かす。

1,300円

宇宙人による地球侵略はあるのか

ホーキング博士「宇宙人脅威説」の真相

物理学者ホーキング博士の宇宙の魂が語る悪質宇宙人による戦慄の地球侵略計画。アンドロメダの総司令官が地球に迫る危機と対抗策を語る。

1,400円

宇宙の守護神とベガの女王

宇宙から来た神々の秘密

地球に女神界をつくった「ベガの女王」と、悪質宇宙人から宇宙を守る「宇宙の守護神」が登場。2人の宇宙人と日本の神々との関係が語られた。

1,400円

幸福の科学出版

幸福の科学グループのご案内

宗教、教育、政治、出版などの活動を通じて、地球的ユートピアの実現を目指しています。

宗教法人　幸福の科学

一九八六年に立宗。一九九一年に宗教法人格を取得。信仰の対象は、地球系霊団の最高大霊、主エル・カンターレ。世界百カ国以上の国々に信者を持ち、全人類救済という尊い使命のもと、信者は、「愛」と「悟り」と「ユートピア建設」の教えの実践、伝道に励んでいます。

（二〇一三年七月現在）

愛

幸福の科学の「愛」とは、与える愛です。これは、仏教の慈悲《じひ》や布施《ふせ》の精神と同じことです。信者は、仏法真理をお伝えすることを通して、多くの方に幸福な人生を送っていただくための活動に励んでいます。

悟り

「悟り」とは、自らが仏の子であることを知るということです。教学《きょうがく》や精神統一によって心を磨き、智慧《ちえ》を得て悩みを解決すると共に、天使・菩薩《ぼさつ》の境地を目指し、より多くの人を救える力を身につけていきます。

ユートピア建設

私たち人間は、地上に理想世界を建設するという尊い使命を持って生まれてきています。社会の悪を押しとどめ、善を推し進めるために、信者はさまざまな活動に積極的に参加しています。

国内外の世界で貧困や災害、心の病で苦しんでいる人々に対しては、現地メンバーや支援団体と連携して、物心両面にわたり、あらゆる手段で手を差し伸べています。

年間約３万人の自殺者を減らすため、全国各地で街頭キャンペーンを展開しています。

公式サイト **www.withyou-hs.net**

ヘレン・ケラーを理想として活動する、ハンディキャップを持つ方とボランティアの会です。視聴覚障害者、肢体不自由な方々に仏法真理を学んでいただくための、さまざまなサポートをしています。

公式サイト **www.helen-hs.net**

INFORMATION

お近くの精舎・支部・拠点など、お問い合わせは、こちらまで！

幸福の科学サービスセンター

TEL. 03-5793-1727（受付時間 火～金：10～20時／土・日：10～18時）

宗教法人 幸福の科学 公式サイト happy-science.jp

教育

学校法人 幸福の科学学園

学校法人 幸福の科学学園は、幸福の科学の教育理念のもとにつくられた教育機関です。人間にとって最も大切な宗教教育の導入を通じて精神性を高めながら、ユートピア建設に貢献する人材輩出を目指しています。

幸福の科学学園

中学校・高等学校（那須本校）

2010年4月開校・栃木県那須郡（男女共学・全寮制）

TEL **0287-75-7777**

公式サイト **happy-science.ac.jp**

関西中学校・高等学校（関西校）

2013年4月開校・滋賀県大津市（男女共学・寮及び通学）

TEL **077-573-7774**

公式サイト **kansai.happy-science.ac.jp**

幸福の科学大学（仮称・設置認可申請予定）

2015年開学予定

TEL **03-6277-7248**（幸福の科学 大学準備室）

公式サイト **university.happy-science.jp**

仏法真理塾「サクセスNo.1」

小・中・高校生が、信仰教育を基礎にしながら、「勉強も『心の修行』」と考えて学んでいます。

TEL **03-5750-0747**（東京本校）

不登校児支援スクール「ネバー・マインド」

心の面からのアプローチを重視して、不登校の子供たちを支援しています。
また、障害児支援の「**ユー・アー・エンゼル！**」運動も行っています。

TEL **03-5750-1741**

エンゼルプランV

幼少時からの心の教育を大切にして、信仰をベースにした幼児教育を行っています。

TEL **03-5750-0757**

NPO活動支援

学校からのいじめ追放を目指し、さまざまな社会提言をしています。また、各地でのシンポジウムや学校への啓発ポスター掲示等に取り組むNPO「いじめから子供を守ろう！ネットワーク」を支援しています。

公式サイト **mamoro.org**

ブログ **mamoro.blog86.fc2.com**

相談窓口 **TEL.03-5719-2170**

政治

幸福実現党

内《ない》憂《ゆう》外《がい》患《かん》の国難に立ち向かうべく、二〇〇九年五月に幸福実現党を立党しました。創立者である大川隆法党総裁の精神的指導のもと、宗教だけでは解決できない問題に取り組み、幸福を具体化するための力になっています。

党員の機関紙
「幸福実現NEWS」

TEL 03-6441-0754
公式サイト hr-party.jp

出版メディア事業

幸福の科学出版

大川隆法総裁の仏法真理の書を中心に、ビジネス、自己啓発、小説など、さまざまなジャンルの書籍・雑誌を出版しています。他にも、映画事業、文学・学術発展のための振興事業、テレビ・ラジオ番組の提供など、幸福の科学文化を広げる事業を行っています。

TEL 03-5573-7700
公式サイト irhpress.co.jp

入会のご案内

あなたも、幸福の科学に集い、
ほんとうの幸福を
見つけてみませんか？

幸福の科学では、大川隆法総裁が説く仏法真理をもとに、
「どうすれば幸福になれるのか、また、
他の人を幸福にできるのか」を学び、実践しています。

入会

大川隆法総裁の教えを信じ、学ぼうとする方なら、どなたでも入会できます。入会された方には、『入会版「正心法語」』が授与されます。（入会の奉納は1,000円目安です）

ネットでも**入会**できます。詳しくは、下記URLへ。
happy-science.jp/joinus

三帰《さんき》誓願《せいがん》

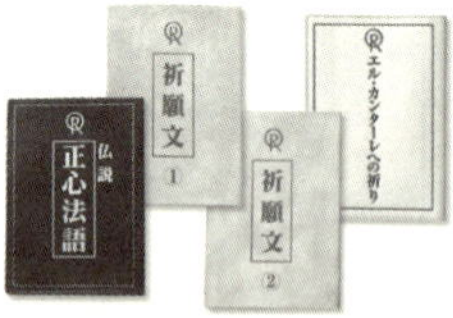

仏弟子としてさらに信仰を深めたい方は、仏・法・僧の三宝への帰依を誓う「三帰誓願式」を受けることができます。三帰誓願者には、『仏説・正心法語』『祈願文①』『祈願文②』『エル・カンターレへの祈り』が授与されます。

植福《しょくふく》の会

植福は、ユートピア建設のために、自分の富を差し出す尊い布施の行為です。布施の機会として、毎月1口1,000円からお申込みいただける、「植福の会」がございます。

「植福の会」に参加された方のうちご希望の方には、幸福の科学の小冊子（毎月1回）をお送りいたします。詳しくは、下記の電話番号までお問い合わせください。

月刊「幸福の科学」

ザ・伝道

ヤング・ブッダ

ヘルメス・エンゼルズ

INFORMATION

幸福の科学サービスセンター
TEL. 03-5793-1727（受付時間 火～金：10～20時／土・日：10～18時）
宗教法人 幸福の科学 公式サイト **happy-science.jp**